Hors-piste

Pour Hélène, la

Joyeux

Avec toute ma tendresse

Ta grand-mère

Anne de Preux

Déc. 2010

D1797816

À Max

Les termes maritimes sont expliqués dans un glossaire
à la fin de l'ouvrage.

Naufrage en mer de Chine

Anne de Preux

Illustrations
de Florent Silloray

GALLIMARD JEUNESSE

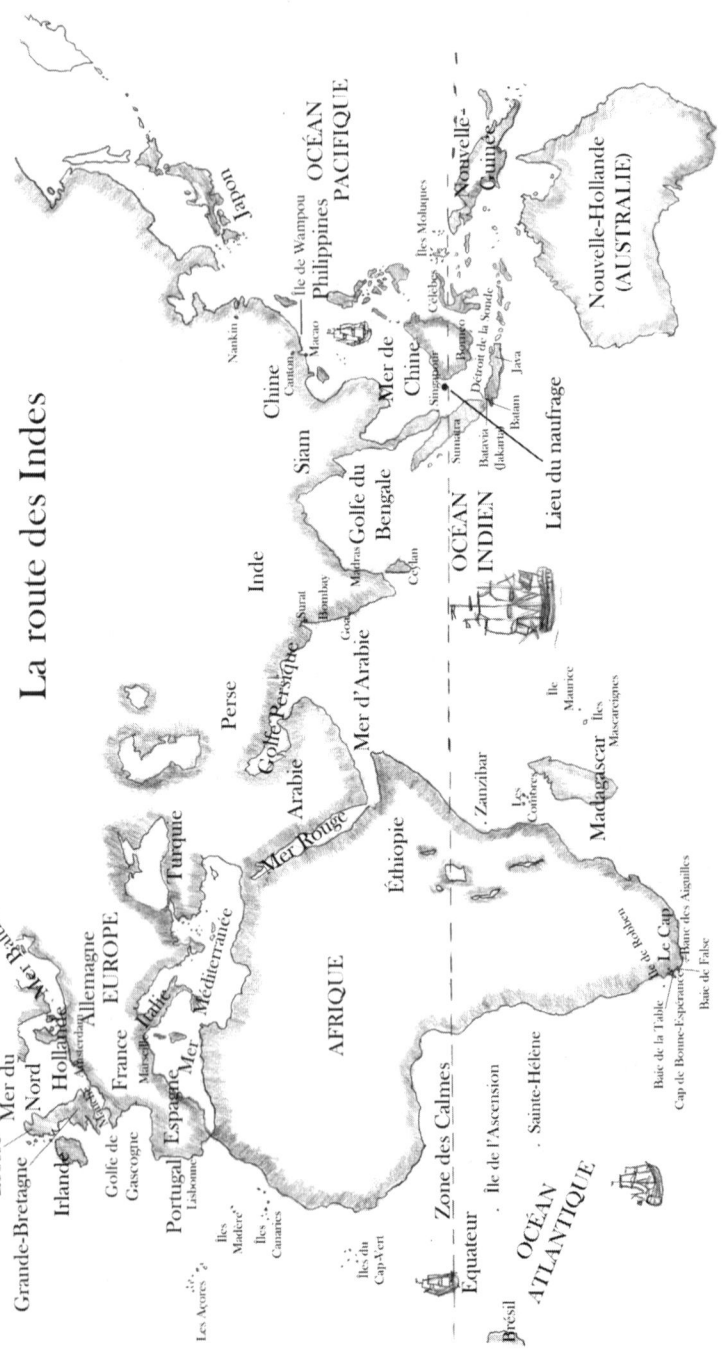

La route des Indes

Chapitre 1

À la fin août 1750, je me rendis à la forge.

Du temps de mon père, j'y passais ma vie. Depuis qu'il n'était plus là, j'évitais cet endroit comme la peste.

Le nouveau maître s'appelait Jacob Mulder. Je le détestais. À peine installé, il avait annoncé à ma mère :

– Votre bâtiment tombe en ruine… Tant que je n'aurai pas amorti les frais des travaux qui s'imposent, je ne vous verserai que la moitié du loyer que vous en demandez !

Ma mère n'avait pas osé lui tenir tête.

Bien entendu, il n'avait jamais entrepris la moindre réparation et son avarice nous condamnait à vivre pauvrement, ma mère, ma petite sœur, et moi.

Ce jour-là, un désir me tenaillait : je rêvais de nouvelles lames pour mes patins à glace. Qui d'autre que Jacob pouvait

me les fabriquer ? D'ailleurs, avec ce qu'il nous volait, il me devait bien cela ! Dès l'arrivée de l'hiver, j'attendais avec impatience que les étangs et les canaux gèlent pour organiser des courses de patinage avec mes camarades. Si je voulais être prêt à temps, je devais me dépêcher de passer ma commande. Les forgerons avaient tant de roues de charrette à réparer, fers à chevaux à fabriquer et pièces pour la construction des vaisseaux à livrer qu'ils croulaient sous la tâche !

Il pleuvotait.

Je relevai le capuchon de ma cape. Mes chaussures éculées glissaient sur les pavés mouillés.

J'atteignis la forge, une grande bâtisse avec une porte arrondie. J'avais beau y être habitué, à chaque fois, la chaleur et le tintamarre qui régnaient dans cet antre m'oppressaient.

Autour des brasiers, torse nu, les ouvriers chauffaient le fer au rouge, puis ils tapaient dessus, le replongeaient dans les flammes et le tapaient encore, pour le modeler à leur guise.

Je connaissais chacun d'eux par leur nom. C'était mon père qui les avait engagés. Avec rigueur et bonne humeur, il les avait formés, leur inculquant l'amour du travail bien fait.

Un matin, un jeune apprenti avait laissé tomber un morceau de fer incandescent sur la cuisse de mon père.

– J'ai une bonne constitution. Ne vous inquiétez pas, je serai vite guéri.

Deux jours plus tard, il tremblait de fièvre. Je remarquai qu'une odeur âcre flottait autour de son lit. Affolée, ma mère avait appelé un chirurgien.

– La blessure est devenue purulente. La gangrène s'y est mise.

Il avait fallu amputer.
Quand on m'avait permis de retourner au
chevet de mon père, j'osais à peine regarder
le côté de la couverture qui restait bizarrement plat.

Il m'avait attiré à lui.

– Désormais, Jan, ton pauvre père marchera avec des
béquilles. Il devra parfois s'appuyer sur toi. Auras-tu la force
de le soutenir ?

– Bien sûr, papa !

J'étais tout juste parvenu à ne pas éclater en pleurs.

À notre grand désespoir, l'opération ne l'avait pas sauvé.
Sans se plaindre, il avait enduré des souffrances atroces. Le
petit sourire navré, qu'il avait gardé jusqu'à son dernier souffle,
restait à jamais gravé dans mon cœur.

Sa mort m'avait anéanti. Depuis ce drame, qui datait d'une
année, je ne me consolais pas de son absence, je me sentais
abandonné. Je m'interdisais de pleurer devant les autres. Les
larmes, c'était bon pour les filles ou, quand personne ne me
voyait, la nuit, dans mon oreiller.

Tout me fâchait. Ma mère disait que je ressemblais à un
animal blessé qui donnait des coups de griffes à tort et à travers. Et, quand je me calmais, je ne savais qu'inventer pour
me distraire.

Mon père n'aurait certainement pas apprécié mon compor
tement. Il se préoccupait beaucoup de mon avenir. C'est pour
cela qu'il m'avait envoyé à l'école. Il était si fier de voir que je
lisais la Bible en latin.

Maintenant, faute d'argent, j'avais dû renoncer à poursuivre mon instruction.

Depuis qu'elle était veuve, ma mère aussi avait changé. Elle s'enfermait dans son chagrin, se repliait sur elle-même. Comme nous étions originaires de Delft, nous n'avions pas de famille à Amsterdam, et nos rares amis ne venaient presque plus nous voir... On aurait dit qu'ils craignaient que notre malheur fût contagieux. Nous nous retrouvions donc souvent seuls, tous les trois.

*

Refoulant mes sombres pensées, je cherchai des yeux celui qui avait profité des derniers instants de mon père pour lui faire des promesses qu'il ne tenait pas. Tel un rat au regard fureteur, il avait déjà décelé ma présence :

– Mais regardez qui vient là ! M. Jan Van Dijk ! s'écria-t-il d'un ton sarcastique.

Je portais le même prénom que mon père. Un sujet de plaisanterie intarissable pour Jacob.

– M. Jan veut s'assurer que tout marche bien par ici ? M. Jan désire-t-il se joindre à nous ? Non ? M. Jan ne veut pas se salir les mains !

Que j'aurais aimé le frapper, comme il le méritait ! Je me promis qu'un jour, je l'obligerais à nous rendre l'argent qu'il nous volait.

En attendant, avec un sourire forcé, je lui expliquai ce dont j'avais envie. Évidemment, il se moqua de moi :

– Des lames pour ses patins ! Voyez-vous ça ! M. Jan n'a d'autre préoccupation dans la vie que de s'amuser. Je plains ta mère, garnement ! Dis-lui que si elle est lasse d'éduquer seule un vaurien de ton espèce, je veux bien l'épouser ! Tu as besoin d'un beau-père pour te botter les fesses !

Il eut un vilain rictus. Son visage luisant, son regard calculateur me donnèrent l'envie de le planter là et de partir en courant. Il s'en rendit compte car il ajouta, plus conciliant :

– Je te ferai ces lames, parce que tu es le fils de Saskia Van Dijk. Comment va-t-elle ? Dis-lui qu'elle pourrait me rendre visite ! J'espère qu'elle ne va pas toujours rester veuve ! Ce serait dommage ! Une si belle femme !

Son ricanement me fit l'effet d'une gifle. Comment osait-il ? Qui l'autorisait à parler ainsi de ma mère ?

Quelques ouvriers avaient abandonné leur tâche pour mieux profiter de l'humour de leur patron. Ils me dévisageaient : certains, avec des airs méprisants, d'autres, qui avaient apprécié mon père, cachaient mal leur gêne.

Content de s'être donné en spectacle, Jacob les renvoya d'un geste sec, puis il m'annonça :

– Tu auras tes patins. Ce sera le cadeau de Noël de papa Jacob à son futur beau-fils !

Il éclata d'un rire qui résonnait encore dans ma tête tandis que je filais, sans le remercier.

J'avais profité des vues qu'il avait sur ma mère, et j'avais obtenu ce que je voulais. En regagnant la maison, j'aurais dû être satisfait… Au lieu de cela, je me détestais.

*

Nous habitions dans un faubourg, au nord d'Amsterdam.

Quand la mort l'avait surpris, mon père avait l'intention d'agrandir notre maison. Ce projet était passé aux oubliettes.

– Tant que nous avons un toit sur la tête, nous n'avons pas le droit de nous plaindre, disait ma mère d'un ton résigné.

Au rez-de-chaussée, une grande pièce servait de cuisine, de salle de séjour et depuis peu, de buanderie, car, pour arrondir ses fins de mois, ma mère se faisait apporter, des quartiers bourgeois, des paniers de chemises fines à amidonner et repasser.

Au premier étage, j'avais ma chambre. Ma mère et ma sœur, qui n'avait que six ans, dormaient ensemble.

*

Aussitôt qu'elle m'aperçut, Dorith se précipita vers moi. On disait que cette gamine blonde, aux yeux gris, me ressemblait. Un châle sur la tête pour se protéger de la pluie, elle jouait à la marelle. Je m'étonnai une fois de plus de la finesse de ses mollets qui dépassaient de sa jupe sombre. Comment pouvait-elle sauter et courir, perchée sur de telles baguettes ?

Elle venait de perdre deux dents de devant, ce qui l'obligeait à pincer les lèvres en parlant, pour cacher le trou.

– Jan ! On a de la visite ! m'annonça-t-elle d'un ton mystérieux.

Je la grondai :

– Tu devrais rentrer ! Tu vas attraper froid.

– Maman m'a dit d'aller chez les voisins, mais ils sont absents. Leur porte est fermée !

Notre mère n'avait pas l'habitude de se débarrasser de nous. La réponse de ma sœur m'intrigua.

– Qui est là ? demandai-je.

– Un mo'sieur. On parle de toi. C'est pour ça qu'on m'a dit de sortir !

– Qu'est ce que c'est que cette histoire ?

L'inquiétude me gagna.

– Allons, dis-moi qui est là ?

Je la secouai sans ménagement.

– Tu me fais mal !

– Je ne te lâcherai pas tant que tu ne m'auras pas répondu !

– Mais quoi ? grimaça-t-elle. Maman a juste expliqué au mo'sieur que tu lui causais des soucis.

– Quels soucis ?

– Elle dit que tu traînes dans la rue et que tu n'es pas facile à vivre. Arrête de me tordre le bras ! Elle a aussi dit qu'elle n'avait pas la force de t'élever toute seule. Elle a même pleuré…

Maintenant, j'avais carrément peur. Je lâchai ma sœur.

– Comment s'appelle ce mo'sieur ?

– Je ne sais pas.

– Tu mens ! Rentrons !

– Non ! Maman m'a dit d'attendre dehors ! Elle va me gronder !

– Tant pis pour toi !

D'une main ferme, je la poussai devant moi pour pénétrer dans la salle de séjour.

Assise à table, ma mère parlait avec un homme dont je n'aperçus d'abord que le dos sombre.

Je remarquai qu'elle avait relevé en hâte sa chevelure blonde. Des mèches s'échappaient de son chignon mal épinglé.

Notre arrivée interrompit la conversation. Maman sourit :

– Voici Jan et Dorith, dit-elle en se levant.

L'homme se retourna. Encore jeune, il avait un visage allongé, avec une expression d'intérêt amusé, qui me parut familière.

– Bonsoir, Jan, bonsoir, Dorith. Je suis heureux de faire votre connaissance.

Cette voix, si semblable à celle de mon père, me bouleversa.

 Je devinai que j'avais devant moi son frère, Christoffel. Nous ne le connaissions pas. Papa nous avait raconté qu'il passait sa vie à sillonner les océans sur les navires de la Compagnies des Indes orientales.

– Je sais qui vous êtes, dis-je d'un ton rauque.

J'étais très troublé. Normalement, cette visite aurait dû me réjouir. Mais les paroles de ma sœur avaient éveillé mes soupçons. Pourquoi cet homme débarquait-il sans s'annoncer alors qu'il ne nous avait jamais donné signe de vie ? En quoi l'intéressions-nous ?

Il sourit :

– Qui suis-je ?

– Vous êtes oncle Chris.

– Bravo !

Ses yeux étaient d'un bleu très sombre, comme si à force de la regarder, ils avaient pris la couleur de la mer. Sa taille imposante, son ton chaleureux, cette habitude de relever un sourcil en parlant me rappelaient si fort mon père que je me sentis presque défaillir. Je luttai pour me ressaisir. Ma mère, elle, ne cachait pas sa joie.

– Christoffel, vous accepterez de partager notre repas ?

– Si je ne vous dérange pas…

– Tu dois rester pour qu'on fasse connaissance, décida Dorith en lui saisissant la main.

Ma mère se leva. Elle ouvrit un placard pour y prendre une nappe qu'elle déplia sur la table. En quelques minutes, elle réchauffa la soupe, coupa du pain et du fromage.

– Si j'avais su, j'aurais préparé un bon plat, s'excusa-t-elle.

– Rien ne peut me faire plus plaisir qu'un potage aux

légumes, répondit oncle Chris. Ça me
change de ce que l'on me sert à bord.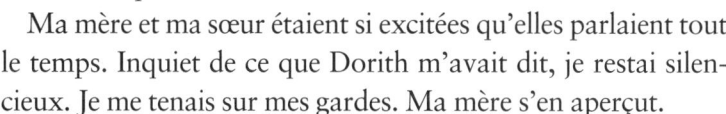
– On mange mal sur les bateaux ? s'enquit
Dorith.
– C'est suffisant, mais plutôt monotone.
Nous manquons de vivres frais.

Ma mère et ma sœur étaient si excitées qu'elles parlaient tout
le temps. Inquiet de ce que Dorith m'avait dit, je restai silencieux. Je me tenais sur mes gardes. Ma mère s'en aperçut.

– Sois un peu plus aimable, me souffla-t-elle.

Pour avoir la paix, je fis un effort.

– Allez-vous rester longtemps à Amsterdam ? demandai-je,
histoire de dire quelque chose.

– Un mois. Ensuite, je partirai pour la Chine.

Dorith ouvrit des yeux tout ronds.

– La Chine des Chinois ?

Elle avait presque crié.

Maman lui fit signe de se taire. Peu sévère quand elle était
seule avec nous, elle le devenait en présence de quelqu'un
d'autre.

– S'il te plaît, reste tranquille, Dorith.

Laissez la, Saskia, elle est si mignonne, intervint oncle
Chris.

– Tu es capitaine ? demanda Dorith.

Maintenant qu'elle avait la permission de poser des questions, elle n'allait pas s'en priver.

– Je suis premier lieutenant.

– Vous êtes donc l'officier le plus important après le capitaine, dis-je, content de montrer que je connaissais la hiérar-
chie chez les marins.

Il acquiesça.

– Quand vous êtes arrivés, j'étais en train d'élaborer un projet avec votre mère. Je pensais que nous pourrions ouvrir, au centre, une boutique pour vendre les soieries, porcelaines, laques et autres objets précieux que les marins rapportent de leurs voyages. On appelle ça : la pacotille*. La plupart des hommes ne savent pas la monnayer. Ils se font escroquer. Je suis certain qu'ils seraient enchantés s'il existait un établissement recommandable pour les aider à écouler leurs trésors. Ça pourrait marcher !

– L'idée est tentante, admit ma mère. Mais quand reviendrez-vous de Chine ?

– Dans environ dix-huit mois.

– Seulement…

– Vous aurez tout le temps de chercher un local pour notre futur commerce ! Je vous en donnerai les moyens.

– J'espère en être capable. Je ne connais rien aux affaires ! répondit-elle humblement.

– Je vous aiderai, maman, lançai-je, agacé de son hésitation.

Enfin quelque chose qui m'intéressait ! Pour la première fois, je daignai sourire. Mon oncle posa sa main sur mon bras.

– Tu as quatorze ans, n'est-ce pas, Jan ?

– Oui.

– Tu as l'air plus jeune… peut-être parce que tu es assez petit pour ton âge.

Je retirai mon bras. Je détestais que l'on fasse allusion à ma taille.

– Je grandis encore. Dans deux ou trois ans, je vous dépasserai ! rétorquai-je avec insolence.

Ma mère me fusilla du regard, mais je fis celui qui ne remarquait rien.

– C'est probable, admit-il. En attendant, n'as-tu pas envie de voyager, de connaître le monde ?

Se moquait-il de moi ?

– Nous n'avons pas d'argent…

Il m'ébouriffa la tête comme si j'étais un poupon.

– Avec un peu de volonté, tout est possible !

S'il pensait m'impressionner, il se trompait.

Et, tout à coup, son assurance et, surtout, l'air entendu de ma mère m'alertèrent. J'eus la conviction qu'elle l'avait appelé à la rescousse parce qu'elle avait de moins en moins d'autorité sur moi.

– N'aimerais-tu pas gagner ton propre argent ? poursuivit mon oncle sur sa lancée. Devenir indépendant ? Qu'est-ce qui t'attire dans la vie ?

Où voulait-il en venir avec toutes ses questions ?

– Jan est allé à l'école, dit ma mère. Son père voulait qu'il soit instruit pour qu'il puisse choisir un bon métier.

– Celui de son père ne lui convenait pas ? s'étonna oncle Chris.

– Aujourd'hui, même si j'en avais envie, je ne pourrai pas devenir forgeron ! bougonnai-je entre les dents.

– Pourquoi ? demanda le lieutenant.

– À cause de Jacob Mulder, l'ancien contremaître qui nous loue la forge, expliqua ma mère. Jan ne s'entend pas avec lui.

– Eh bien dans ce cas, fit oncle Chris en se tournant vers moi, accompagne-moi en Chine ! La Compagnie engage des mousses ! Pour dix guilders mensuels ! Quelle meilleure formation peux-tu souhaiter que de commencer par rouler ta

bosse ? Penses-y sérieusement, mon garçon !
Voilà donc l'idée qu'il avait derrière la tête !
J'avais bien raison de me méfier de lui.
– Mon Dieu, soupira ma mère. On dit que
ces voyages sont si rudes !

– Sous ma protection, Jan n'aurait rien à craindre ! Une occasion rêvée pour lui de vivre une belle expérience, de se frotter à des gens différents, d'apprendre à mieux se connaître lui-même ! Sans compter que je me chargerais de compléter son éducation.

Ma mère resta silencieuse. Quand elle était préoccupée, ses iris transparents devenaient fixes.

– Chère belle-sœur, ne soyez pas inquiète ! Je m'occuperai de votre fils. À son retour, il sera devenu un homme. Il vous apportera le soutien qui vous manque. Mais, je voudrais que Jan lui-même me dise ce qu'il en pense ? Je ne le forcerai pas à me suivre, s'il n'en a pas envie.

La stupéfaction me rendait muet. Il poursuivit :

– Il suffit que tu t'inscrives une semaine avant le départ du *Standvastigheid*. C'est le bateau sur lequel je vais naviguer. Tu as donc encore un peu de temps pour réfléchir. Je n'ai pas d'enfant, Jan, mais je suis prêt à veiller sur toi comme si tu étais mon fils.

Je sentais qu'il était sincère, pourtant ses paroles achevèrent de me désarçonner. Je n'avais jamais vu la mer et ce que j'avais entendu dire des bateaux et de la vie des marins m'effrayait au plus haut point… À cela s'ajoutait que je supportais mal l'idée de quitter Amsterdam.

– Je ne vous connais pas…, maugréai-je pour tempérer son enthousiasme.

Il sourit.

– C'est vrai ! Désormais, si Saskia n'y voit pas d'inconvénient, je te verrai tous les jours. Ainsi, on s'habituera l'un à l'autre. Tu me parleras de ce qui t'intéresse. Nous nous promènerons ensemble.  Je suis certain que tu n'imagines pas tous les trésors que ta ville recèle ! On ira visiter les chantiers où la Compagnie construit ses bateaux... comme le célèbre *Amsterdam* qui a été mis à l'eau en janvier de l'année passée et qui n'a navigué que deux semaines avant de s'échouer lamentablement sur la côte sud de l'Angleterre !

Ma mère frémit :

– Mon Dieu ! Ne parlez pas de malheur, s'il vous plaît !

– Tous les bateaux ne coulent pas, Saskia ! répondit-il en riant. Cela fait plus de dix ans que je bourlingue et je m'en porte très bien !

Dorith, qui suivait de son mieux la conversation, le tira par la manche.

– Tu m'emmèneras moi aussi ? J'ai pas peur des tempêtes !

– Tu es encore un peu jeune, ma chérie ! Je te promets de te rapporter une dînette en porcelaine de Chine, de la soie pour te faire une belle robe et un perroquet pour te tenir compagnie !

Ravie, Dorith émit un petit gloussement.

Quand mon oncle s'en alla, il était tard.

Je dormis mal. Je ressassai la conversation. Mon oncle était-il tombé sur la tête ? M'emmener en Chine ? Comment osait-il profiter d'une visite de deuil pour me faire une proposition pareille ? Je ne lui avais rien demandé ! Se rendait-il compte qu'il se mêlait de ce qui ne le regardait pas ? Et ma mère qui l'écoutait bouche bée, et ma sœur qui ne lâchait plus sa main...

 Pressentant que tout cela ne m'apporterait rien de bon, j'enfouis ma bouche dans mon oreiller pour étouffer ma fureur :

– Non ! Non ! Il est complètement fou ! Je n'irai pas en Chine !

Chapitre 2

Oncle Chris tint parole : il vint presque tous les jours nous rendre visite.

Je remarquai que, tout à coup, ma mère passait beaucoup de temps à s'inventer de nouvelles coiffures. Je n'aimais pas du tout quand elle utilisait son fer à friser pour se faire des bouclettes qui tire bouchonnaient sur son front. Son chignon tressé était bien plus joli.

Comme elle n'avait qu'une robe, elle prenait grand soin de son col blanc qu'elle lavait et repassait à tout bout de champ et, quand le soir tombait, elle jetait sur ses épaules un châle turquoise, une couleur qui lui allait bien.

Je me moquai d'elle :

– Vous renoncez à porter le deuil de papa ? Pauvre papa !

Exaspérée, elle rétorqua :

– Tu me supplies depuis des mois d'être un peu plus coquette et quand j'essaie, tu me le reproches ! Tu ne sais pas ce que tu veux !

Il m'arrivait souvent de me disputer avec elle. Elle avait la larme facile. J'avais l'impression qu'elle en usait, et même en abusait, pour me faire honte. Quand elle y parvenait, je cessais de crier pour me mettre aussitôt à bouder. Mon silence finissait vite par lui peser. Alors, d'un ton suppliant, elle tentait de me raisonner :

– Tu ne crois pas que tu exagères, Jan ? Non seulement tu es colérique, mais tu n'admets jamais tes torts. Par pitié, cesse ! Nous avons déjà assez de soucis sans en rajouter !

Elle avait fait le premier pas ; je pouvais, sans perdre la face, implorer son pardon. Soulagée, elle me serrait contre elle. Pour la rassurer, je lui promettais de changer d'attitude. Je n'en faisais rien. À la première contrariété, je lui volais à nouveau dans les plumes.

J'adorais ma mère, et je ne comprenais pas bien ce qui me poussait à me conduire ainsi. Sa douceur m'exaspérait. Je la prenais pour de la mollesse. D'où cette envie que j'avais parfois de la secouer pour l'obliger à réagir, à se montrer plus ferme envers Jacob Mulder, et, peut-être, envers moi...

De nature romantique, ma mère avait toujours aimé la musique. D'ailleurs, elle possédait une guitare. Depuis la mort de papa, elle délaissait cet instrument. Elle disait qu'elle n'avait ni le temps ni l'envie d'en jouer.

Or, depuis quelques jours, j'avais remarqué que le soir, quand oncle Chris était parti et que Dorith et moi étions au lit, elle recommençait à exercer ses doigts sur les cordes qu'elle pinçait délicatement pour ne pas nous réveiller. Était-ce la preuve qu'elle retrouvait le goût de vivre ? Pour une fois, je m'abstins de commentaire.

*

Nous ne savions jamais à quelle heure oncle Chris se présenterait. Souvent, il cachait sous son pardessus un gros cabas bourré de provisions qu'il déballait, une à une, sur la table.

– Voici du sucre de canne... du thé de Chine... des biscuits au chocolat ! Au marché, j'ai trouvé de l'anguille fumée pour le dîner... des pommes pour le dessert.

Dorith trépignait de plaisir.

Un soir, il annonça d'un ton mystérieux :

– J'ai trois surprises pour vous ! Ainsi, il n'y aura pas de jaloux ! La première est... pour..., est pour... Voyons, voyons, dit-il la main plongée dans son sac, en faisant semblant de ne rien trouver pour prolonger notre attente.

Les yeux de ma mère et de ma sœur brillaient d'une excitation que je ne parvenais pas à partager. J'observais tout le monde d'un œil critique. Le lieutenant se prenait-il pour saint Nicolas ?

Il tendit vers nous son poing fermé.

– Pour qui ? demanda Dorith au comble de la curiosité.

– Pour Saskia, décréta-t-il en riant de l'air déconfit de ma sœur.

Ma mère rougit tandis qu'il déposait dans sa main, une broche ornée d'un camée en corail rouge.

– Oh, quelle folie !

– Je suis heureux que ça vous plaise !

– Et moi ! Et moi ! insista Dorith d'une voix aiguë.

 – Tais-toi! dit ma mère.

Je vis des larmes perler au bord des yeux de Dorith. Oncle Chris plongea à nouveau son bras dans le sac.

– Tiens, je sens quelque chose d'étrange! Qu'est-ce que ça peut bien être? C'est très doux! Je pense que c'est pour toi, Dorith!

Oublié l'effet de la remontrance.

Ma sœur se redressa d'un bond avec son sourire édenté. Oncle Chris lui tendit une veste en peaux de lapin. Elle en resta bouche bée. Elle en rêvait depuis un bout de temps, mais maman lui avait expliqué qu'elle n'avait pas les moyens de la lui offrir.

– Comment as-tu deviné que je voulais justement ça? demanda-t-elle en enfouissant son visage dans la fourrure blanche.

– Pour Jan, j'ai ceci, poursuivit-il en me déposant dans les mains une bouteille contenant un voilier. C'est une flûte hollandaise avec ses trois mâts. Regarde… le gréement… les voiles, rien n'y manque. Elle te plaît?

J'étais fasciné mais, en même temps, affreusement inquiet. J'avais l'impression qu'un piège se refermait. On voulait que je devienne marin, on faisait de plus en plus pression sur moi.

– C'est toi qui as enfilé ce bateau dans cette petite bouteille? demanda Dorith.

– Oh non, répondit le lieutenant, je n'ai pas de patience. Ce sont d'anciens matelots qui s'adonnent à ce genre de travail. Tout doit passer par le goulot. Ensuite, les mâts sont redressés. Il y a des astuces, mais je ne les connais pas.

– Jan, je ne t'ai pas entendu remercier ton oncle, remarqua ma mère.

Cette observation me mit hors de moi.
Avec ses cadeaux, oncle Chris cherchait à
m'acheter ! Jusqu'à quand durerait son
manège ? Pour bien montrer que je n'étais
pas dupe, je sortis en claquant la porte.
J'entendis Dorith m'appeler :
– Mais où vas-tu ? C'est l'heure du repas...
Je m'en moquais. Sa voix de crécelle me tapait aussi sur les
nerfs.
Je passai deux heures à marcher le long des canaux en res-
sassant mon exaspération.
Comment ma mère pouvait-elle ne pas voir qu'oncle Chris
l'embobinait ? Il était beaucoup trop gentil pour être honnête. Depuis son arrivée, il ne poursuivait qu'un but, celui de
m'emmener en Chine. Je n'arrivais d'ailleurs pas à comprendre
dre pourquoi. Avait-il besoin d'un mousse à bas prix ?
La naïveté de ma mère me rendait fou. Elle ne réfléchissait
pas plus loin que le bout de son nez... Si elle éprouvait parfois l'envie de m'expédier aux antipodes, ce que je pouvais
comprendre quand je dépassais les bornes, elle ne supporte-
rait jamais que je m'en aille pour de bon. Elle en serait la première punie. Je n'étais pas facile à vivre, mais elle m'aimait et,
je savais qu'elle ne pouvait pas se passer de moi.

*

Quand je rentrai, persuadé que mon oncle était parti et que
Dorith et ma mère dormaient, j'ouvris la porte aussi doucement que possible.
À mon grand étonnement, je les trouvai tous les trois encore
assis autour de la table sur laquelle les chandelles finissaient
de se consumer.

 Maman, qui avait reculé sa chaise, jouait de la guitare. Dorith somnolait et oncle Chris avait allumé sa pipe.

Personne ne réagit à ma présence. Je restai dans l'ombre, appuyé contre le mur.

Ma mère entama une chanson poétique où il était question d'un bien-aimé trop longtemps attendu. J'aimais sa voix. Le lieutenant l'écoutait avec attention. Peu à peu, elle domina sa timidité, son ton se fit plus assuré et, à la fin, un éclat joyeux brilla dans ses yeux.

– Bravo! la félicita le lieutenant, enthousiaste.

Puis, se tournant vers moi, avec le plus parfait naturel, il ajouta :

– Quelle chance tu as d'avoir une mère qui chante si bien !

Pas d'allusion à mon escapade. C'était comme si je n'avais pas quitté la maison. Décidément, je ne comptais pas beaucoup.

J'avais besoin de parler seul à seul avec ma mère. Je voulais la mettre en garde, faire tomber de son piédestal cet oncle qui devenait de plus en plus envahissant. Mais il ne s'en allait pas, il s'incrustait…

Fatigué d'attendre, vers minuit, sans saluer personne, je montai me coucher.

*

Le lendemain, oncle Chris vint me chercher tôt.

Je l'aurais volontiers envoyé au diable mais je n'osais pas. Il m'en imposait plus que je ne voulais l'admettre. Je le suivis donc à contrecœur. Il me demanda de lui montrer les canaux sur lesquels j'aimais patiner en hiver.

– Moi aussi, j'adorais m'élancer sur la glace quand j'étais jeune, me confia-t-il.

Après avoir parcouru le quartier, il m'em-
mena au cœur de la ville pour me montrer le
Palais royal et l'hôtel de ville.
  Au coin d'une rue, il m'indiqua une belle
maison bourgeoise :
  – Rembrandt habitait ici. As-tu entendu parler de lui ?
  – Non...
  – C'était un très grand peintre, un génie... Sa femme s'appe-
lait Saskia, comme ta mère !
  Il m'adressa un grand sourire. Je devinais sans peine qu'il
mettait tout en œuvre pour me conquérir, or je m'étais juré
que je ne tomberais pas dans le panneau.
  En dehors de « mon air bougon », comme disait Dorith, je
ne disposais d'aucune arme pour le décourager. Je m'appli-
quai donc à lui opposer une tête lugubre, maussade à sou-
hait... Ça ne lui faisait ni chaud, ni froid !
  Quelques jours plus tard, nous nous rendîmes à Oostenburg.
  – Je vais te montrer le plus grand chantier naval de notre
pays. Je le connais bien pour y avoir passé beaucoup de
temps. Non seulement on y fabrique de nouveaux bateaux,
mais on y répare ceux qui rentrent de leur long périple, expliqua mon oncle.
  J'étais curieux de savoir à combien de voyages un bateau
résistait. Mais mon intérêt lui aurait fait trop plaisir. Devina-
t-il mes pensées ? Toujours est-il qu'il fournit spontanément la
réponse à ma question :
  – Après six ou sept voyages, les bateaux ont besoin d'une
sérieuse remise en état.
  Ce jour-là, la coque d'une flûte, semblable à celle que
contenait ma bouteille, était carénée. Un grand vaisseau

 subissait des réparations et un autre, en début de construction, ressemblait à un énorme squelette de baleine. Je fus impressionné par la quantité d'ouvriers qui s'affairaient autour.

Des planches, liées entre elles, formaient des radeaux qui permettaient aux hommes d'atteindre les flancs des navires. Des barques se relayaient pour transporter du matériel, et tout un monde de charpentiers sciait, clouait, ajustait. Coincé entre deux palissades, un caboteur côtier était repeint en noir. Les maisons des alentours n'étaient que magasins, fabriques de voiles et de cordages, entrepôts.

– C'est long de construire un bateau ?

Mon intérêt l'emportait sur mon agacement.

– Ça prend neuf à dix mois.

– Seulement ?

– La technique de construction navale hollandaise est la plus avancée du monde. Nos scies, mues par des moulins, permettent un découpage très précis du bois.

Si je manifestais peu d'entrain, mon oncle, en revanche, prenait grand plaisir à nos balades.

Il marchait d'un pas rapide, coiffé de son chapeau noir qu'il soulevait pour saluer ses connaissances. Quel que fût le temps, il portait toujours un gilet de soie et une redingote de drap sombre et rugueux qui soulignait ses larges épaules.

Il avait le teint mat des gens habitués à vivre en plein air et une barbe en collier, brune avec des reflets roux. Il ne devait pas avoir plus de trente-quatre ou trente-cinq ans.

De temps en temps, mes remarques lui arrachaient un sourire. Ça me vexait, mais je n'en laissais rien paraître.

Je luttais pour résister à la fascination qu'il exerçait sur moi. Après tout, que m'importait sa culture ? Pourquoi devais-je lui accorder ma confiance ? Avant qu'il débarque, n'étais-je pas l'homme de la famille ?
Heureusement, il partirait bientôt et la paix reviendrait à la maison. Je pourrais reprendre mes vadrouilles dans la campagne, poser des pièges pour attraper des oiseaux ou des lapins.

*

Un matin, comme nous errions dans les grandes rues d'Amsterdam à la recherche de livres que mon oncle voulait emporter avec lui, un étrange tintamarre attira mon attention.

Une musique monotone, jouée par des trompettes, des cornemuses et rythmée par des roulements de tambour, résonna comme un appel.

Aussitôt, surgis des ruelles avoisinantes et des chemins qui bordaient le canal, arrivèrent des hommes d'une maigreur terrifiante.

Vêtus de haillons, ils puaient l'alcool à plein nez. Ils avançaient en titubant, accompagnés de surveillants qui les brutalisaient quand ils traînaient trop.

– Vous avez déjà vu ces gens ? demandai-je à mon oncle qui s'était arrêté pour les laisser passer.

– Ce sont les pauvres diables pris dans les filets des *zielverkoopers**, répondit-il.

J'avais entendu parler des « marchands d'âmes » mais je ne savais pas qu'ils existaient vraiment.

*Zielverkoopers : « *marchands d'âmes* ».

Effaré, je demandai :

– Où vont-ils ?

– Suivons-les, et tu verras.

Nous avançâmes en direction de la musique. Elle provenait de la cour d'un immeuble de cinq étages. Les premiers arrivants s'agglutinaient contre les grandes grilles fermées.

– Où sommes-nous ?

Le silence de mon oncle m'interpella. D'habitude, il répondait sans jamais se lasser à mes questions. Il marqua une hésitation, finit par lâcher :

– Ce bâtiment est le siège de la Compagnie hollandaise des Indes orientales : la V.O.C.*

– Et ces hommes ?

– Les futurs matelots recrutés de force.

– Quoi ?

J'étais horrifié.

– Tu as raison, admit-il. Il est de plus en plus difficile de trouver des bras pour nos bateaux et les « marchands d'âmes » raclent les bas-fonds des villes. Nous engageons un peu n'importe qui mais, tu sais, il n'y a pas besoin d'être éduqué pour hisser des voiles. Ces gens sont des épaves… des ivrognes, des voleurs, des têtes brûlées, des joueurs endettés. À bord, ils retrouveront une certaine dignité. Ils auront enfin un travail pour lequel ils seront payés, nourris et logés. La discipline qui leur sera imposée les aidera à remonter la pente. Ce n'est peut-être pas si mal !

– Vous trouvez ?

*V.O.C. : abréviation de Vereenigde Oostindische Compagnie.

– Je comprends que l'on puisse être scandalisé… Pourtant, la plupart se sont mis eux-mêmes dans une situation dont ils ne sortiraient jamais seuls !

– Vous avez été engagé comme ça, la première fois ?

Il sourit.

– Non, Jan. J'ai choisi la marine parce que je rêvais d'aventures. Je voulais connaître le monde. Je n'ai pas été déçu. J'adore mon métier, mais je ne te cacherai pas que c'est un dur métier ! En rentrant à la maison, nous nous taisions. La vision du troupeau de miséreux, que l'on poussait vers la cour de la V.O.C., comme à l'abattoir, me hantait.

Oncle Chris ne tenta pas d'embellir la réalité.

Une question germa dans ma tête, qui me tracassa durant plusieurs nuits : gagnerait-il de l'argent s'il me vendait à un « marchand d'âmes » ? Rien ne l'empêchait de le faire.

Il estime que je ne vaux pas plus que les vagabonds qu'on enrôle de force ! pensai-je. Il est comme Jacob Mulder qui dit qu'à mon âge, je devrais avoir honte de vivre encore aux crochets de ma mère…

Mais, peu m'importait l'opinion des autres, c'était décidé, je ne partirais pas ! Je n'avais vraiment aucune envie de côtoyer, pendant de longs mois, cette bande de bons à rien ramassés dans les rues. Sans compter que mon oncle n'était pas mon père. Il avait beau faire, il ne le remplacerait jamais. Je ne lui reconnaissais aucun droit sur moi, pas plus que je n'avais de devoir envers lui.

Je fis le serment que personne, et surtout pas lui, ne me délogerait de chez moi. Cette résolution me soulagea d'un grand poids.

 Sans en connaître la cause, ma mère apprécia ma meilleure humeur.

– Mon beau-frère a une excellente influence sur Jan, confia-t-elle à sa voisine.

– Tant mieux ! Je me demandais quand il sortirait de l'âge ingrat, rétorqua la femme.

*

Je pensais en rester là et, pour enlever ses illusions à mon oncle, je ne l'attendais plus à la maison. Il était temps qu'il comprenne que j'en avais par-dessus la tête de ses promenades culturelles !

J'avais mieux à faire avec ma bande de complices : nous volions des caisses de pommes dans les vergers et nous renversions des seaux de fumier sur les seuils des maisons bourgeoises.

Vers la fin de septembre, je me rapprochais d'un groupe de garçons plus âgés que moi. Je rêvais de les épater parce qu'ils me traitaient avec un certain mépris.

– Hé, Petiot, se moquaient-ils, t'oseras jamais décevoir ta mère !

– Je la déçois tous les jours, la pauvre.

– Pas tant qu'ça ! Y a qu'à voir ! À chacune de tes bêtises, t'es bourré de remords et tu rampes devant elle comme un brave toutou !

Je ne répondais pas, j'attendais une occasion de leur prouver que je pouvais leur damer le pion.

Un après-midi, le chef me dit en me regardant droit dans les yeux :

– Tu vois ces trois barques le long du canal ? Elles me dérangent. Déplace-les ou tire-les à terre.

– Fais-le toi-même !
– Ah, tu vois ! Tu es bien une poule
mouillée. Tu ne pourras jamais faire partie
de ma bande.
– Je n'ai pas la force de tirer ces barques sur
la rive, mais, si elles te dérangent vraiment, je peux arranger ça.
– Comment ? demanda-t-il, goguenard.
– Je les coule.
– M'fais pas rire. T'oserais pas !
Sans plus attendre, je montai à bord des embarcations dont
j'arrachai les bouchons. Ensuite, je revins vers les garçons.
– Voilà ! Vous êtes contents ? Je me demande combien de
temps ça va prendre pour qu'elles se remplissent...
– On devrait se cacher !
Dissimulés derrière un mur, on resta là, à regarder les
barques qui s'enfoncèrent lentement et finirent par sombrer.
– J'aurais pas cru que tu serais capable d'un coup pareil, me
complimenta le chef. Tu remontes dans mon estime. Allez, à
demain.
Nous étions sur le point de nous séparer quand une femme
se précipita vers la rive.
– Les bateaux ? Où sont-ils ? On les a volés !
Et puis, elle les découvrit entre deux eaux. Elle se mit à hurler :
– À l'aide ! Ils ont coulé.
Une voisine ouvrit sa fenêtre.
– Regarde, ce désastre ! J'ai vu des gamins rôder par là !
Même que je me demande si y avait pas le fils de l'ancien for-
geron... Il faut appeler les gendarmes ! Ils retrouveront ces
sales vauriens ! C'est-y pas une misère d'agir ainsi !

La prudence nous dicta de lever le camp. J'entendis les rires de mes complices tandis qu'ils s'éparpillaient dans les ruelles. Je ne m'arrêtai qu'une fois arrivé à la maison.

Chapitre 3

Mon cœur battait si vite qu'il me fallut un moment pour retrouver mon souffle, prendre un air innocent.

Je poussai la porte et j'eus la désagréable surprise de me trouver en face de Jacob Mulder.

Il s'était coiffé et portait un costume neuf. Mise à part sa suffisance, il ne ressemblait plus au forgeron suant que j'avais l'habitude de voir. Je le saluai et m'apprêtais à monter dans ma chambre quand ma mère me retint :

– M. Mulder t'a apporté un présent, Jan. Regarde !

Les lames que j'avais commandées étaient posées sur la table : superbes, brillantes, parfaitement exécutées, prêtes à être fixées sur des chaussures ou mieux, des bottines, que, malheureusement, je ne possédais pas.

– Merci, monsieur, dis-je plus content que je ne voulais le paraître.

– Du joli travail, n'est-ce pas? Écoute, mon garçon, j'ai annoncé à ta mère que je te prenais comme apprenti, après Noël. Je ne vous demanderai que trois guilders par mois... C'est un prix de faveur parce que tu es le fils de Jan Van Dijk.

Son ton mielleux acheva de m'horripiler. Je regardai maman pour tenter de deviner ce qu'elle pensait. Elle ne broncha pas.

Une grande colère m'envahit.

Comment ce sale type osait-il nous proposer de déduire trois guilders de la somme misérable qu'il nous versait pour louer la forge?

Il me dégoûtait! Il ne cherchait qu'à séduire ma mère et à m'exploiter!

L'image des barques qui s'enfonçaient dans l'eau sombre du canal me revint à l'esprit. J'eus soudain très peur. Si la femme avait donné mon signalement aux gendarmes, si mes complices me dénonçaient, qu'allait-il arriver? Mon imbécillité risquait de me coûter cher!

Alors, sans réfléchir davantage, et pour me débarrasser à la fois de Jacob Mulder et des menaces qui planaient sur moi, je décidai:

– Navré, monsieur, mais je pars pour la Chine. J'embarque dans deux semaines sur le *Standvastigheid* avec mon oncle. Comme ça, je ne serai plus une charge pour ma mère! Je lui ferai verser mes gages... parce qu'elle a beaucoup de peine à survivre avec les trois sous que vous lui donnez!

L'homme devint écarlate.

Mon intention était de le vexer, et j'y étais parvenu. Je trouvais ridicule de continuer à lui faire des courbettes alors qu'il profitait honteusement de la situation.

La plus étonnée fut ma mère. Comme elle ne relevait pas mon impertinence, j'en déduisis qu'à son habitude, elle ne voulait pas d'esclandre devant le forgeron, mais que je ne perdais rien pour attendre !

– Ce n'est pas si simple, se défendit Jacob. Que croyez-vous ? Je ne gagne presque rien ! J'ai d'énormes frais généraux !

Ma mère et moi, nous restâmes de marbre. Il se fâcha rouge :

– Puisque tu t'en vas sur la mer, tu n'as pas besoin de ces lames ! Je les reprends ! Bon voyage, monsieur Van Dijk ! Tu vas apprendre ce qu'est la vie ! Ça te fera le plus grand bien !

Il emporta son cadeau et claqua la porte en sortant. Un peu gêné d'avoir provoqué cette réaction, je haussai les épaules pour donner le change.

À ce moment, ma mère se laissa tomber sur une chaise. Elle éclata de rire :

– Bravo, Jan, dit-elle en reprenant son souffle. Je n'oublierai jamais son air furibond !

Une bouffée d'orgueil m'envahit.

Et, tout à coup, redevenue sérieuse, elle demanda, anxieuse :

– Tu veux vraiment partir ?

Sans me laisser le temps de répondre, elle ajouta :

– C'est bien, mon fils, je suis fière de toi. Tu es très courageux ! J'ai toujours pensé qu'un jour, tu t'assagirais. J'ai eu raison de te faire confiance.

Ses yeux brillaient d'admiration. Quand elle tenta de m'embrasser, je la repoussai et sortis dans la rue.

Je marchai longtemps au hasard, en me demandant comment j'en étais arrivé là ? Qu'est-ce qui m'avait pris d'annoncer mon départ à Jacob Mulder ? Pour lui en mettre plein la vue, je venais de me jeter dans la gueule du loup !

Entre un apprentissage à la forge ou un engagement sur un navire de la Compagnie des Indes, quel était le meilleur choix ? Je n'en savais rien. Ces deux perspectives me paraissaient aussi effrayantes l'une que l'autre. Je ne voyais qu'un avantage à partir : celui d'échapper à un scandale et peut-être à la prison.

Le lieutenant arriva tard ce soir-là. Dorith et moi étions montés nous coucher. Ma mère, qui ne s'attendait certainement plus à cette visite, repassait dans la grande salle.

J'entendis les trois coups discrets frappés à notre porte.

– Vous, Christoffel ?

Je ne descendis pas. J'étais certain que ma mère se chargerait de lui rapporter ma discussion avec le forgeron. Mon oncle apprendrait que j'allais le suivre sur les océans.

Tiraillé entre des sentiments contradictoires, je ne m'endormis qu'à l'aube.

*

Le lendemain, ma mère me dit qu'oncle Chris lui avait remis trente guilders pour m'acheter l'équipement traditionnel du marin, soit un coffre, un chapeau, un oreiller, une couverture de cheval et un couteau.

En plus, ma mère m'offrit une nouvelle chemise, un pantalon et des bottes, les premières que je recevais. Enfin, elle se

hâta de préparer une grande boîte de bis-
cuits et quelques pots de confiture de
prunes qu'elle voulait que j'emporte.

Le lieutenant nous emmena, elle et moi, au
quartier général de la Compagnie pour
m'inscrire. Ce fut un moment décisif, et, pourtant, je n'eus pas
l'impression que cette affaire me concernait vraiment : je signai
mon engagement comme un automate.

Je repoussai l'idée que je quittais la maison pour dix-huit
mois, que je vivrais avec une bande d'ivrognes de la pire
espèce, que j'encourais des risques et qu'à mon retour je ne
serais plus le même. Mais, comment faire marche arrière ?
Tout le monde semblait si persuadé que c'était là mon destin !
La larme, qu'essuya furtivement ma mère, me prouva
qu'elle était émue.

Je lui offris vingt guilders, avance que je reçus sur mes
futurs gages. Elle les accepta parce qu'elle comprit que j'y
mettais mon point d'honneur.

Oncle Chris la présenta à un employé du siège de la V.O.C.
qu'il connaissait bien et à qui elle pourrait s'adresser si elle
avait besoin de renseignements.

– Vous lui confierez vos lettres. Passez de temps à autre pour
voir s'il y en a pour vous ! Je vous promets que nous vous don-
nerons de nos nouvelles aussi souvent que possible.

*

Le 3 octobre, soit la veille du grand départ, nous nous
retrouvâmes tous les quatre à la maison. Pour l'occasion, ma
mère avait préparé du poulet en sauce et une tarte aux poires,
mon dessert préféré.

Oncle Chris avait commencé par refuser notre invitation :

 – Je pense, Saskia, que ma présence serait superflue… C'est votre dernière soirée avec Jan ! J'ai déjà abusé de votre hospitalité ! Ma mère avait eu l'air déçue.

– Mais vous faites partie de la famille, avait-elle répondu avec douceur.

J'aurais voulu que mon oncle renonçât, comme il le proposait, à s'imposer. J'en aurais profité pour tenter d'attendrir ma mère. Je comptais lui jouer la grande scène. Je lui reprocherais d'avoir comploté dans mon dos pour se débarrasser de moi. Après tout, il ne tenait qu'à elle de changer d'avis, de décider qu'elle me gardait auprès d'elle. Si je parvenais à mes fins, je pouvais encore, sans perdre la face, échapper à ce voyage. Plusieurs jours s'étaient écoulés depuis l'affaire des barques coulées, et personne ne m'avait arrêté. Je n'étais peut-être pas obligé de fuir à l'autre bout du monde…

Sur le point de dire à mon oncle qu'il était tout excusé s'il ne dînait pas chez nous, je m'étais tu. Le regard qu'il posait sur ma mère m'avait intrigué. Elle l'avait soutenu, pendant quelques secondes, puis elle avait souri et imploré :

– S'il vous plaît, soyez des nôtres demain.

Il s'était laissé convaincre. Quelle malchance ! Sa décision me privait du seul moment d'intimité avec ma mère qui me restait, et elle balayait mon dernier espoir de sortir du pétrin dans lequel je m'étais fourré.

Oncle Chris demanda à réviser mon équipement. Il y ajouta du linge et un couvert. Ensuite, il prit Dorith sur ses genoux et lui demanda si elle aimait les contes.

– Bien sûr ! Papa m'en racontait souvent. Il faisait semblant d'être une méchante sorcière… J'avais très peur !

– Christoffel, je m'aperçois que je ne vous ai jamais proposé ni bière, ni eau-de-vie, dit ma mère. Ce soir, j'ai une bonne bouteille de vin… Puis-je vous en offrir un verre ?

– Non merci. Donnez-moi de l'eau. Je ne bois plus d'alcool depuis une éternité.

– Vraiment ? Je croyais que les marins avaient droit à des rations quotidiennes de grog, insista-t-elle.

– C'est exact… Même les mousses reçoivent une tasse de rhum par jour, mais moi, je refuse toujours ma part.

– Pourquoi ? m'étonnai-je.

– Autrefois, je buvais sec. Je l'ai payé cher !

– Comment ça ? s'enquit Dorith.

Ma mère cessa de remuer la sauce. Elle se tourna vers nous pour mieux entendre la réponse :

– Quand j'avais vingt ans, je suis tombé amoureux d'une merveilleuse jeune fille. Un beau matin, j'ai décidé d'aller lui demander si elle voulait bien m'épouser. Je savais que je ne lui déplaisais pas, mais, malgré tout, elle m'intimidait. Pour m'encourager, je suis allé prendre quelques verres avec des amis. Quand, enfin, je me suis présenté chez ma belle, j'étais si soûl que je tenais à peine debout. Bien entendu, elle m'a mis à la porte. La honte m'a éloigné d'elle pendant quelque temps. Six mois plus tard, j'ai appris qu'elle s'était fiancée avec un autre. La leçon a porté ses fruits. Je ne bois plus.

Un silence suivit. Ce fut ma mère qui l'interrompit :

– Vous n'avez pas rencontré une autre jeune fille ? demanda-t-elle.

Cette question me surprit de la part d'une personne aussi discrète qu'elle.

 – Non, je n'ai pas pu en aimer une autre comme je l'ai aimée. Je la regrette encore… Un silence suivit cette déclaration. Ma mère me sembla émue.

– Alors, vous buvez quoi sur vos bateaux ? voulut savoir Dorith.

– J'ai mes petites habitudes. Tous les matins, le maître coq…

– C'est qui ? interrompit Dorith.

– Le cuisinier. On les appelle ainsi sur les bateaux. Donc, tous les matins, le maître coq fait bouillir une marmite d'eau dans laquelle je mets du thé à infuser. J'y ajoute du jus de citron pour masquer le goût de l'eau qui est conservée en tonneaux et qui devient de moins en moins appétissante, au fur et à mesure des jours. Je me contente de cette boisson durant tout le voyage. D'ailleurs, elle me réussit bien, je ne suis jamais malade !

– Combien de livres de citrons emportez-vous ? fis-je, étonné.

– Autant que j'en trouve. Cette lubie me coûte cher… surtout ici, où les agrumes nous parviennent difficilement d'Italie ou d'Espagne. Par contre au Cap ou à Java, grâce aux plantations des colons, je n'ai aucun problème à m'approvisionner !

– Mais comment les conservez-vous ? demanda ma mère, qui ne perdait jamais son sens pratique.

– Je les étale sur un plateau et je les laisse sécher. Quand ils ne pourrissent pas, ils durcissent mais conservent du jus. Je passe pour un type bizarre qui a des manies, mais je ne m'en soucie guère. Si Jan veut adopter mon régime, il lui suffira de le dire !

– Je préférerais qu'il boive votre thé plutôt que de l'alcool, décida ma mère.

Oncle Chris parla encore de la vie à bord.
Il nous décrivit les farces réservées à ceux
qui passaient pour la première fois la ligne
de l'équateur. Je me forçais à rire, mais je ne
pouvais m'empêcher de penser au lende-
main. Mon appréhension grandissait au fur et à mesure que
les heures s'écoulaient.

Oncle Chris nous quitta très tard.

Quand elle m'embrassa pour me souhaiter une bonne nuit,
je me suspendis au cou de ma mère. Sa peau sentait si bon.
J'étais au désespoir.

– Maman, je ne veux pas partir. Je ne le supporterai pas.

J'avais murmuré ces mots, le front contre son épaule.
Pensive, elle me tapota le dos.

– On m'a dit que, depuis quelque temps, ta conduite laissait à désirer… Je ne t'en ai pas parlé… En acceptant de suivre
ton oncle, tu effaces l'ardoise… Alors, je t'en prie, ne reviens
pas sur ta décision ! Sois le digne fils de ton père !

Avec stupeur, je découvrais qu'elle en savait plus sur mon
compte que je ne le supposais.

Je m'étais juré de ne pas pleurer devant elle et, pourtant, une
crise de sanglots me fit hoqueter.

Je m'accrochai à elle et, pendant de longues minutes, je la
tins prisonnière entre mes bras.

Chapitre 4

Au matin, oncle Chris arriva chez nous en carriole. On plaça mon coffre au-dessus des siens.

Tandis que nous nous éloignions de la maison, des larmes brouillèrent ma vue, mais je fis en sorte que personne ne le remarquât. Ma mère était très pâle. Je voyais bien qu'elle luttait pour réprimer son chagrin. Oncle Chris tapota affectueusement sa main. Elle ne la retira pas.

Malgré le plaisir évident que lui procurait cette traversée de la ville, Dorith resta silencieuse.

Une grande animation régnait sur le quai où l'on descendit. Une file de gens, chargés de coffres et de paquets, attendaient de monter à bord d'un *lighter*.

– Notre bateau est à Texel, expliqua mon oncle. Pour le rejoindre, nous allons traverser le Zuiderzee*.

– Pouvons-nous vous accompagner ? demanda ma mère.

– Malheureusement pas, regretta le lieutenant.

– J'aurais voulu voir ce navire qui vous emportera si loin... La fin de la phrase mourut sur ses lèvres, elle fondit en larmes. Je la serrai dans mes bras.

– Courage, Saskia, dit mon oncle derrière elle. Jan ne quittera pas la Hollande avant plusieurs jours. Les formalités de départ sont longues... Il aura donc le temps de vous écrire de Texel.

– Quelle sera notre première escale ? demandai-je d'une voix mal assurée.

Pour la première fois, je prenais conscience que je partais vraiment. J'avais si longtemps cru échapper à ce voyage que je n'avais pas jugé utile d'en savoir plus.

– Le cap de Bonne-Espérance, à la pointe de l'Afrique.

– Et, ensuite ?

– Batavia**, sur l'île de Java. Puis, nous irons en Chine. Là, nous attendrons les vents favorables de décembre pour rentrer.

– À partir de maintenant, je ne vis plus que pour ce retour, dit ma mère tristement.

Oncle Chris s'éloigna pour payer le cocher qui devait la ramener à la maison. J'en profitai pour la prendre dans mes bras.

– Tu seras sage et obéissant, mon fils, me glissa-t-elle dans l'oreille, et prudent, n'est-ce pas ? Promets-le-moi !

---

* Zuiderzee : mer intérieure des Pays-Bas.
** Batavia : aujourd'hui Jakarta, capitale de l'Indonésie.

Je fis le fanfaron :
– Je tâcherai de ne pas tomber à la mer !
Mais, vous et Dorith, prenez soin de vous !
Et, s'il vous plaît, ajoutai-je après une hési-
tation, méfiez-vous de Jacob Mulder,
évitez-le !
Une lueur amusée passa dans ses yeux :
– Ne crains rien, Jan ! Ce monsieur me déplaît autant qu'à
toi !
Sa réponse me rassura.
Le lieutenant revint vers nous :
– Le moment de nous séparer est arrivé. Nous allons pren-
dre le prochain *lighter*. Je vous promets, Saskia, de veiller de
mon mieux sur Jan et, quand nous reviendrons, nous réalise-
rons tous les projets qui nous tiennent à cœur !
– Notre magasin ? demanda ma mère.
– Oui… entre autres, sourit oncle Chris. Merci de votre
accueil et merci de me confier Jan, ajouta-t-il en l'entourant
de ses bras.
Ma mère appuya sa joue contre le gilet d'oncle Chris.
– Je suis heureuse de vous avoir revu, et triste de vous perdre… vous et Jan… Je… je…
Elle ne finit pas sa phrase parce qu'elle pleurait trop. Alors,
il saisit son visage dans ses mains et déposa un baiser sur son
front.
– Au revoir, Saskia.
Il se pencha ensuite vers Dorith.
– Sois gentille avec ta maman, dit-il en l'embrassant.
Sans se retourner, il m'entraîna vers l'amoncellement de
bagages que les hommes s'apprêtaient à charger sur le *lighter*.

 Quelques minutes plus tard, quand je les cherchai des yeux, ma mère et Dorith avaient disparu. Je me sentis déchiré. Le *lighter* eut besoin de trois jours pour rejoindre Texel. Un vent frais gonflait les voiles et, selon les bords que l'on tirait, nous étions mouillés. Je me protégeais de mon mieux sous ma cape. Elle me permettait d'éponger les larmes qui, malgré moi, débordaient de mes yeux. Devant ma mère et Dorith, j'avais à peu près résisté, mais, maintenant qu'elles n'étaient plus là, je me maudissais. Comment avais-je été assez bête pour me laisser avoir ?

À côté de moi, le lieutenant resta longtemps silencieux. Les yeux fixés sur l'horizon, il tirait sur sa pipe, sans remarquer les embruns qui fouettaient son visage. Peut-être qu'en dépit de l'habitude qu'il avait des voyages, il lui en coûtait aussi de quitter son pays ? Je n'allais pas le plaindre !

Nous nous arrêtions la nuit pour dormir dans de petites auberges situées au bord de l'eau. Oncle Chris en connaissait les tenanciers et la plupart des hôtes qui dînaient bruyamment autour de la cheminée. Tandis qu'il discutait avec eux, je restais à l'écart. Je me sentais seul, j'avais le cœur lourd, je n'attendais que le moment de m'allonger sur un lit pour dormir. Le chagrin, le grand air, le froid et les averses répétées que nous essuyions tout au long de la journée m'anéantissaient.

*

Le *Standvastigheid* mouillait dans la rade de Texel. Je fus content d'y arriver.

C'était un trois-mâts richement orné.
Mon oncle me donna quelques explications
pendant que nous attendions notre tour de
débarquer.

– Les deux statues que tu vois à l'arrière,
de chaque côté de la rangée de fenêtres, sont celles de
Mercure, le dieu romain du commerce, et de Neptune, le dieu
de la mer. Au-dessus de la lanterne, tu reconnais le pavillon
tricolore de la Hollande avec le sigle de la V.O.C. Les trous,
au niveau du pont supérieur, s'appellent des sabords.
Derrière chacun d'eux, il y a un canon.
Deux larges bandes, ocre et jaune, couraient le long de la
coque noire qui nous dominait. Tout à l'avant, une tête de
femme grimaçante surplombait l'eau sombre. Oncle Chris la
désigna du doigt.
– C'est la figure de proue. La proue est la partie avant du
bateau et la poupe, la partie arrière. Si tu retiens déjà ça, ce
sera bien.
J'étais très impressionné à l'idée de sillonner les océans à
bord de cet imposant navire !
– Il te plaît ? demanda oncle Chris qui m'observait.
J'acquiesçai d'un hochement de tête.
– Tu as bien supporté ta première traversée. Tu as le pied
marin.
Il me fit signe de grimper à l'échelle devant laquelle le *lighter* s'était immobilisé.
Tandis que des matelots hissaient nos coffres, mon oncle se
dirigea vers un petit groupe. Deux hommes s'entretenaient
avec une très jolie femme dont la chevelure rousse s'échappait

 d'une capeline verte. Mon oncle les salua respectueusement.

– Monsieur Van Dijk, s'écria le plus jeune en lui souriant, vous tombez bien. Je vous cherchais pour vous présenter ma femme, Suzanna, et notre chirurgien, Michiel Delia.

Mon oncle s'inclina. L'homme poursuivit :

– Suzanna, je vous ai souvent parlé du premier lieutenant, Christoffel Van Dijk.

Oncle Chris me fit signe d'approcher.

– Capitaine, voici mon neveu. Jan sera le plus jeune membre de notre équipage !

J'en tombai des nues. L'homme qui me tendait la main et qui ne devait pas avoir plus de trente ans, était le premier maître à bord, après Dieu.

Pas très grand, vêtu de noir selon la coutume pour les officiers, il avait des cheveux châtains qui retombaient sur ses épaules et un visage rond, avec des joues bien pleines. Mon oncle m'avait dit qu'il s'appelait Jan Diederik Morel et qu'il était né à Hambourg.

– Mais, vous nous amenez un enfant ! s'exclama sa femme en m'examinant. On les cueille au berceau maintenant ?

– J'ai quatorze ans et demi, répondis-je en me redressant.

– Qu'il est gentil, ce blondinet ! gloussa Mme Morel. Jan-Die, supplia-t-elle en se tournant vers son mari, vous devriez le prendre à votre service ! Il est trop frêle pour être marin !

Étonné, le capitaine passa son bras autour de la taille de sa femme.

– Il n'est pas dans vos habitudes de vous mêler de ce qui se passe à bord…

Imperturbable, la jeune femme lui adressa un sourire plein de séduction.

– Pardon, minauda-t-elle, mais je me dis que, si j'étais sa mère, je préférerais pour lui la compagnie des officiers à celle des marins et des soldats !

Le capitaine rit assez fort.

– Ah, les femmes, les femmes ! répéta-t-il.

Il m'étudia avec bienveillance, puis céda :

– Pour vos beaux yeux, Suzanna, j'accepte de prendre ce mousse à mon service ! Quant à vous, lieutenant, je vous prie de l'installer dans votre cabine. L'odeur de vos citrons lui conviendra mieux que celle de l'entrepont !

– Merci, monsieur, répondit mon oncle, la mine réjouie. Merci à vous aussi, madame, ajouta-t-il en s'inclinant à nouveau devant Suzanna Morel.

Le capitaine appela un homme qui se tenait derrière lui et que j'examinais, depuis un moment, à la dérobée.

– Urbanus, dit-il, vous avertirez le steward que je prends Jan Van Dijk, au lieu de Bart De Jong, au service de la table de l'état-major. Bart a dix-sept ans... Ça ne lui fera pas de mal de border les voiles !

– Bien, monsieur, répondit le personnage à la carrure athlétique.

Vêtu, malgré la fraîcheur de l'air, d'une simple chemise de toile blanche et d'une culotte, il ne portait ni bas, ni chaussures. Ses larges pieds semblaient adhérer au pont. Une cordelette maintenait son épaisse tignasse noire dans son dos. Il avait le teint basané, des yeux d'encre, et ses manches retroussées dévoilaient des tatouages sur ses bras. Son aspect

me frappa autant qu'il impressionna la femme du capitaine car, dès qu'il s'éloigna, elle chuchota :

– Ce gars-là ressemble à un flibustier ! Je n'aimerais pas le rencontrer seule, le soir, au coin d'un bois !

– Ne vous fiez pas aux apparences ! rétorqua Morel. Ce gars-là, comme vous dites, s'appelle Urbanus Urbani. Il est corse. C'est le meilleur maître d'équipage que je connaisse. Maintenant, venez voir notre chambre puisque vous avez accepté de m'y tenir compagnie jusqu'au jour où nous lèverons l'ancre !

Il l'entraîna vers la poupe. Elle le suivit en tenant son chapeau que le vent menaçait, à chaque bourrasque, de lui arracher.

Oncle Chris se réjouit :

– Excellent, Jan. Grâce à l'intervention de cette aimable dame, je n'ai dû implorer personne pour obtenir les faveurs que je m'apprêtais à quémander pour toi. La chance nous sourit !

*

J'écarquillais les yeux, fasciné par tant de remue-ménage qui, autour de nous, n'en finissait pas.

Des masses de gens continuaient de débarquer des *lighters*. Ils transbordaient des sacs et des corbeilles, remplies à ras bord de choux, de carottes et de poireaux verts. Un surveillant leur indiquait où déposer ces vivres.

Des soldats, avec leur fusil, encombraient une partie de l'espace.

– Poussez-vous de là ! s'énerva un porteur avec brusquerie.

– Hé ! Du calme !

– Ces bougres ne lèveraient pas le petit doigt pour nous aider. On se demande à quoi ils servent !

L'officier qui s'était interposé répliqua :

– Ils se rendent dans leur garnison, à l'autre bout du monde. Ils ne sont pas chargés de porter vos légumes, mais de nous défendre en cas d'attaque !

Le rouspéteur se le tint pour dit.

Si par inadvertance, un homme heurtait mon oncle, il s'excusait humblement :

– Pardon, mon lieutenant.

– Ils vous connaissent tous ? m'étonnai-je.

– Quelques-uns ont déjà navigué sous mes ordres et les nouveaux s'arrangent pour savoir à qui ils vont devoir obéir ! Viens, allons ranger nos affaires !

Je gravis derrière lui une dizaine de marches qui conduisaient à un pont presque désert.

– Nous sommes sur le gaillard d'arrière, expliqua mon oncle. Ici, tu vois la roue du gouvernail. Elle est abritée par la dunette.

Je hochai la tête.

– Cette grande pièce devant toi s'appelle la chambre du conseil. C'est le salon de l'état-major. Les portes, des deux côtés, sont celles des cabines des officiers. La nôtre est à bâbord. Quand tu regardes l'avant du bateau, tribord veut dire droite et bâbord, gauche. Compris ?

J'entrai dans une belle cabine, éclairée par une grande fenêtre. Deux couchettes étaient fixées de part et d'autre des murs en boiserie. Une table et des sièges, retenus à des anneaux dans le parquet, meublaient le centre de la pièce. Un hamac,

suspendu aux poutres du plafond se balançait au-dessus de nos coffres empilés.

– Quelqu'un d'autre va dormir ici ? m'in-
quiétai-je.

– Mes citrons ! Je vais d'ailleurs m'occuper
d'eux tout de suite… Vu leur prix, ils méritent des soins
attentifs !

Il déverrouilla un coffre plein d'agrumes. Je l'aidai à les éta-
ler dans le hamac que l'on remonta ensuite contre le plafond.

– Tu vois ces petites caisses, sous la fenêtre ? Elles sont
pleines de livres. J'ai aussi du papier et des plumes.

– Pour écrire à ma mère ?

– Certainement, mais aussi pour que tu puisses travailler. Si
un jour tu veux devenir officier, il faut que tu approfondisses
tes connaissances !

Je le regardai sans comprendre.

– Tu sais lire, écrire et compter. C'est très bien ! Mais qu'as-
tu appris en histoire ? En géographie ? Es-tu au courant des
grandes explorations ? À part le hollandais et un peu de latin,
quelle autre langue parles-tu ?

–…

– Je vais te donner l'envie d'apprendre et tu verras que, plus
on sait de choses, plus on a envie d'en savoir. On commencera
par un livre qui va te passionner… Où l'ai-je mis ? Tiens !

Il me tendit un petit volume relié en cuir. J'essayai d'en
déchiffrer le titre : « *The life and strange surprizing adven-
tures of Robinson Crusoe.* »

– C'est en anglais ! constatai-je, déçu.

– Nous le traduirons ensemble. Tu vas aimer cette histoire
d'un homme qui, à la suite d'un naufrage dont il est le seul

rescapé, a passé un quart de siècle sur une
île déserte.

À vingt heures, une cloche sonna. C'était
l'heure du dîner. Oncle Chris prit nos cou-
verts et ouvrit la porte.

– À table, Jan. Dépêchons-nous !

– Ça se passe où ?

– À la cambuse pour toi, et dans la grande chambre, pour
les officiers.

Je le suivis le long du gaillard d'avant et de l'escalier qui le
reliait au premier pont. Deux salles pleines de provisions se
suivaient en enfilade. La première servait de cantine pour
l'équipage. Dans la seconde, on avait entassé jusqu'à ras bord
des réserves pour la table de l'état-major.

Oncle Chris me passait mon couvert et mon gobelet quand
un homme, grand et maigre, lui fondit dessus.

– Monsieur, dit-il avec impatience, de quel droit m'avez-
vous enlevé Bart De Jong pour m'imposer ce moussaillon qui
a encore du lait derrière les oreilles ? Le capitaine exige un
service soigné ! J'avais à peu près réussi à dégrossir Bart et
voilà que tout est à recommencer ! En quoi ce freluquet peut-
il m'être utile ? Je vous le demande ?

Mon oncle attendit que la colère de l'homme, au visage
anguleux et au nez pointu, retombât. Alors, il s'adressa à moi
comme s'il n'avait rien entendu :

– Je te présente M. Arnold, Jan. Tu travailleras désormais sous
ses ordres. Je compte sur toi pour lui donner entière satisfaction.

Le steward me tourna le dos en ignorant la main que je lui
tendais. Oncle Chris haussa les épaules :

– Il est de mauvais poil. Ça lui passera. Je t'abandonne.

 Très mal à l'aise, je me glissai entre deux hommes qui se poussèrent à peine pour me laisser un peu de place à table. Aucun d'eux ne m'adressa la parole. Ils parlaient de tonneaux qui fuyaient.

– T'inquiète pas, mon vieux... dit le premier. Quand l'humidité aura fait gonfler le bois, tout s'arrangera.

– Tu parles ! répondit l'autre, exaspéré. Je vais être obligé de vérifier le cerclage de chaque baril et ça ne sera pas une mince affaire !

On me tendit une assiette avec une tranche de rôti en sauce, des navets et des lentilles.

– Un vrai festin, décréta un gros bonhomme en face de moi. Profitons-en car, dans quelques jours, ce sera une autre chanson !

– Ta bedaine ne s'en portera que mieux, Willem, lui asséna son voisin en lui tapant sur le ventre.

Mon assiette à peine vide, on me fit signe de m'en aller pour libérer la place.

On me poussa vers une échelle placée au fond de la deuxième cambuse, et je me retrouvai sous le gaillard d'avant, dans un espace encombré par un mât incliné qui traversait le plafond par un trou. Des hamacs étaient suspendus dans tous les sens. Je vis que des matelots, emmitouflés dans des couvertures, y dormaient déjà.

Je ne m'attardai pas et passai devant la cuisine. Le maître coq me remarqua :

– Tiens ? Un nain !

– Où ça ? demanda un marmiton.

– Là !

Je fus désigné du doigt. Un éclat de rire s'ensuivit. J'aurais dû faire preuve de courage et me présenter. Peut-être qu'en apprenant que j'étais le neveu du lieutenant, ils auraient moins fait les malins… Mais j'étais trop épuisé pour réagir.

Une grosse chaloupe occupait le centre du pont. Je montai sur le passavant, et m'arrêtai pour contempler la nuit. Le vent frais et humide me fit frissonner. Le ciel était noir, sans étoiles. Je remarquai qu'il y avait deux autres navires comme le nôtre, au mouillage. La lueur de leur lanterne permettait tout juste de les distinguer.

Je pensai à ma mère et à Dorith. Je les imaginai, seules, et ma gorge se serra. Si à la maison, je jouais les hommes, ici, je me sentais perdu.

Je devais être depuis plusieurs minutes appuyé contre le bastingage quand une main se posa sur mon épaule. Je sursautai en reconnaissant le Corse.

– Le lieutenant te cherche, dit-il. Ça va être l'extinction des feux et tu auras de la peine à regagner ta cabine. Viens, je te raccompagne !

Il faisait trop sombre pour étudier l'expression de son visage. Je le suivis. Il avait une démarche de félin, souple et silencieuse. Il disparut comme par enchantement dès que nous fûmes sous la dunette.

Oncle Chris m'accueillit à la lueur d'une chandelle.

– Dépêche-toi de te coucher, dit-il. Le capitaine ne veut plus d'éclairage à partir de vingt et une heures.

– Pourquoi ? bougonnai-je.

– Pour éviter les incendies.

Quand je fus allongé, oncle Chris s'approcha de moi. Il me dit d'un ton affectueux :

– Bonne nuit, Jan. Tu verras, ce voyage sera une belle aventure !

Je ne lui répondis pas. Je remontai un drap sur ma figure pour lui cacher ma détresse.

Bercé par un léger roulis, je sombrai dans un sommeil profond.

Chapitre 5

L'attente au mouillage permit aux hommes de faire connaissance et de s'adapter à leurs nouvelles conditions de vie.

Ma journée commençait tôt. Dès sept heures, je devais dresser la table du petit déjeuner. Ordre du steward, M. Arnold.

Dur, intransigeant, il avait un caractère abominable. Tout l'énervait : il râlait contre le temps, les exigences des officiers, la négligence des aides de cuisine, les menus, l'incompétence de ses inférieurs... Le matin, il lui suffisait de m'apercevoir pour se rappeler qu'il devait m'apprendre mon travail de A à Z, et son irritation renaissait.

Un autre mousse était censé s'occuper du service des officiers. Il s'appelait Simon. Un garçon de seize ans qui avait des

 boutons sur la figure et une tignasse brune, épaisse et frisée. Le pauvre faisait tout de travers ! Le steward aboyait des ordres et des mises en garde à nos oreilles :

– Simon, nettoie la table ! Tu ne vois pas toutes ces miettes ? Jan, qu'as-tu dans la bouche ? Si vous piquez quoi que ce soit à la cambuse, même un biscuit de mer pourri, vous tâterez de mon fouet ! Vous entendez ? Je vous fouetterai jusqu'au sang ! On ne vole pas de nourriture à bord ! On ne jette rien à la mer, pas même les restes ! RIEN !

Au fur et à mesure que la matinée avançait, il s'agitait de plus en plus et finissait par ne plus tenir en place. Vers le milieu de la journée, il frisait la crise de nerfs. Allait-il exploser ? Hurlerait-il ? Nous frapperait-il ?

Rien de tout cela. Curieusement, quand elle avait atteint son pic, sa colère retombait, il cessait de rouspéter pour se renfrogner, devenir taciturne. Seul son regard méprisant, qui en disait long sur l'opinion qu'il avait de nous, continuait à comptabiliser nos erreurs.

Moi, c'était simple, il ne m'aimait pas. Il ne m'aimerait jamais ! Personne ne lui avait demandé son avis pour m'attribuer la place du mousse Bart, le seul qu'il semblait apprécier, et le grade de mon protecteur ne l'autorisait pas à enfreindre ses ordres. J'avais donc tout pour lui déplaire !

Mon oncle me conseilla de ne pas m'inquiéter.

– Applique-toi à suivre ses consignes et tout ira bien, me dit-il.

Je sus assez vite mettre la table correctement, respecter le régime particulier de chacun, passer les plats que j'allais

chercher à la cuisine et qu'il fallait apporter
en prenant garde de ne pas les renverser.
Mais, je ne me dépêchais jamais assez au
goût de M. Arnold. Il me reprocha de traîner
à la cuisine, de bavarder avec Simon, de perdre du temps.

– Si tu ne te donnes pas plus de peine, je saurai te mettre au
pas, garnement ! Cesse de te moquer du monde ! Avec ton
regard insolent, tu es une vraie tête à claques !

*

Neuf personnes prenaient leurs repas à la table de l'état-
major.

Le capitaine et sa femme, mon oncle, et un second lieutenant, Frederik Helt, que je trouvais assez terne. L'hôte le plus
âgé était M. Anthony Van Grauw. En tant que subrécargue, il
était chargé des négociations d'achat et de vente des marchandises transportées par la Compagnie. Il voyageait beaucoup et vivait à Batavia. Tout le monde le respectait. Le
chirurgien, Michiel Delia, ne m'inspirait pas confiance. Un
type désinvolte qui buvait beaucoup et racontait des blagues
de mauvais goût.

Enfin, il y avait un enseigne écrivain, Johannes Hansz, un
lieutenant de fusiliers, Laurens De Wit, et un marchand qui
courait après la fortune, M. Abraham Van Rossum.

Curieusement, le maître d'équipage, Urbanus, ne faisait
pas partie du groupe.

– Le Corse n'aime pas le décorum, m'expliqua mon oncle.
Il prend ses repas dans sa cabine.

Pour mon oncle, je préparais du thé au citron. Mme Morel
en prenait aussi. Le chirurgien, le lieutenant de fusiliers et le

 marchand ne buvaient que du rhum. Le capitaine avait un faible pour le vin. Il partageait sa bouteille de bordeaux avec M. Van Grauw. Le second lieutenant et l'écrivain se contentaient de bière. Il fallait que je me souvienne de tous ces détails pour ne pas me tromper en choisissant les verres.

Quand on n'avait pas besoin de moi, j'explorais le bateau. Un matin, j'entrai sans frapper dans une chambre entrouverte, sur le premier pont. Une voix chaleureuse m'accueillit :

– Bienvenue dans la sainte-barbe ! Je m'appelle Adriaan. Tu t'intéresses aux armes ?

Souriant, un jeune homme me tendit la main. Je me présentai.

– Tu es le neveu du lieutenant... Ravi de faire ta connaissance. Moi, je suis le maître canonnier.

Âgé d'une vingtaine d'années, il avait un visage fin et des cheveux bruns ondulés. Ses yeux surtout me frappèrent : immenses, d'un bleu très clair, remplis de douceur.

– Viens, approche ! As-tu déjà soupesé un boulet ?

Il m'en déposa un dans les mains et son poids me surprit au point que je faillis le lâcher.

– Attention ! Il pèse six livres ! Avec ça, je bombarde une place forte, je décourage des pirates ou je coule un vaisseau ennemi... Malheureusement, je n'ai qu'un canon pour ce gros calibre.

À partir de cette rencontre, j'allais aussi souvent que possible chez le canonnier. Il ne me donna jamais l'impression que je le dérangeais. Il répondait volontiers aux questions que je lui posais sur les armes et surtout sur les canons, l'art de les bourrer, de tirer. Il me fit visiter, dans la cale, le puits aux

boulets. J'appris que nous avions à bord quatre canons en bronze et vingt en fer.
La gentillesse d'Adriaan me changeait de l'humeur massacrante de M. Arnold et de la présence incontournable de mon oncle. Quand j'étais seul avec lui, je lui racontais les causes variées qui avaient rendu M. Arnold fou furieux. Je lui énumérais les exploits du pauvre Simon, distrait au point de servir la soupe à côté des assiettes, et l'on riait beaucoup. Très vite, je me sentis en confiance avec Adriaan et je le considérai comme un ami.

*

J'arpentais le pont plusieurs fois par jour. Je m'asseyais à côté des cages à poules peintes en rouge. Les coqs se pavanaient parmi les pondeuses sans se douter que leur temps était compté.

Très occupé par les préparatifs de départ, oncle Chris s'en voulait de n'avoir pas assez de temps à me consacrer. Pourtant, je n'avais pas besoin de lui. Il me suffisait d'observer ce qui se passait autour de moi pour ne pas m'ennuyer.

L'état-major recensait les vivres, vérifiait l'accastillage, les voiles, les drisses, les instruments de navigation, informait les hommes et les exerçait aux futures manœuvres. Tout le monde courait dans tous les sens.

Je croisais Mme Morel quand elle prenait l'air sur le gaillard d'arrière. Elle était toujours très élégante. Elle me posa des questions sur ma famille, et quand je lui dis que c'était la première fois que je m'en séparais, elle effleura mon épaule de sa main légère :

 – Courage, jeune ami. Je suis certaine que tout se passera bien. Tu as de la chance de parcourir le monde sur un aussi beau bateau !

M. Anthony, le subrécargue, s'asseyait la plupart du temps sur un fauteuil, à l'entrée de la dunette. C'était un petit homme rond, avec des sourcils broussailleux et des rouflaquettes finement taillées qui descendaient très bas sur ses joues. Il était extrêmement poli. Quand il me demandait d'aller lui chercher quelque chose dans sa cabine ou à la cuisine, il me remerciait plusieurs fois de suite.

Je n'avais pas beaucoup de contact avec le reste de l'équipage. Je travaillais à l'arrière du navire. On considérait donc que je faisais partie de la classe des maîtres et on me tenait à distance.

De loin, j'observais les hommes qui lavaient le pont, grimpaient dans les haubans pour graisser les poulies, entretenaient et réparaient tout ce qui méritait de l'être. Certains d'entre eux peinaient à accomplir ce qui leur était demandé. Le moindre effort les faisait transpirer. Les plus malins s'arrangeaient pour se défiler à la première occasion. Sans pitié, ils étaient rappelés à l'ordre et punis. Un vieux type qui toussait fut grondé parce qu'il crachait par terre.

Le pont et le gaillard d'avant étaient perpétuellement encombrés de gens assis, debout ou couchés, qui tuaient l'ennui comme ils le pouvaient.

La vie à bord, dans l'attente du départ, nous permettait de nous habituer au manque d'espace et aux tâches qui nous attendaient, mais, comme le disait oncle Chris, il ne fallait pas que ça dure trop longtemps.

– L'inaction fait monter la tension. Ils piaffent d'autant plus que les salaires ne seront comptés qu'à partir du jour où on larguera les amarres !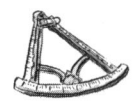
– La Compagnie est bien avare, remarquai-je. Si j'étais eux, j'irai chercher du travail ailleurs !
– Mais, tu parles comme un jeune révolté ! s'amusa mon oncle. Rassure-toi, ils ne s'enfuiront pas parce qu'ils n'ont pas d'embarcations à disposition et qu'ils ne savent pas nager !

*

Un matin, accroupi près d'une cage à poules, j'y introduisais une poignée de miettes ramassées sur la table, quand deux jambes se plantèrent à côté de moi. Surpris, je vis le pied droit s'incliner vers l'arrière pour prendre un élan inquiétant... Un sifflement strident me fit sursauter, et ramena le pied menaçant à sa place.

Je me retournai pour découvrir que mon sauveur était Urbanus. Du doigt, il avertit mon agresseur qu'il le tenait à l'œil.

– Mais quoi ? se défendit une voix éraillée. C'était pour rire... Je me levai.

Un gaillard plutôt baraqué, qui me dépassait de deux têtes, m'épiait entre des paupières légèrement tombantes. Sa bouche grimaça un méchant sourire.

– Salut, je m'appelle Jan, articulai-je.
– Et moi, Bart, répondit-il.

Ainsi, j'avais en face de moi le mousse dont j'avais pris la place... Je compris qu'à l'avenir, je devrais me méfier de lui. Urbanus ne serait pas toujours dans les parages.

 – Tu es déjà monté au nid-de-pie? demanda-t-il, pour se donner une contenance.

– Qu'est-ce que c'est?

– Lève le nez et regarde... Sur le grand mât, tu as une première plate-forme carrée, la hune, et plus haut, presque à la pointe, une seconde, plus petite. Tu vois?

– Oui.

– Je parie que tu n'oses pas y monter? Pourtant la vue est magnifique de là-haut!

– J'ose tout à fait y monter! rétorquai-je avec assurance. Je n'avais pas refermé la bouche que je mesurai combien j'aurais mieux fait de me taire.

– Prouve-le!

Comme j'avais déjà vu les matelots le faire, je m'agrippai aux haubans. Au début, ce ne fut pas plus difficile que de grimper sur le toit à la maison. Je me faufilai dans un petit espace entre le mât et la plate-forme. Fièrement, je me relevai en me tenant à la barrière de protection. Je vis qu'Urbanus s'était posté au bas du mât.

– T'es passé par le trou-du-chat! Continue! cria Bart. Va jusqu'en haut!

Sans hésiter, je m'élançai sur la deuxième volée de haubans.

Arrivé à la moitié de la course, il me sembla que ça balançait beaucoup et je ralentis. Une sorte de tremblement s'empara de mes membres. Ça tournait dans ma tête et une crampe me tordit le ventre.

– Ne regarde pas en bas, me conseilla le Corse. Fixe le point que tu veux atteindre!

Cet encouragement me rassura un peu. Bientôt, j'atteignis le nid-de-pie. Cette fois, il ne s'agissait que de trois petites planches liées ensemble, sans rien pour se tenir. Je  fermai les yeux avec l'impression que j'allais vomir et, à coup sûr, tomber.

– Encore un effort et tu y seras, me cria Bart.

– Descends si tu as peur ! m'enjoignit Urbanus.

Cette phrase me fouetta.

Sans essuyer mon visage où le crachin et la sueur se mêlaient, j'attrapai le perchoir et, en prenant appui sur une vergue, je m'y hissai comme sur un escabeau. Je restai assis, les jambes dans le vide, à soixante-dix pieds au-dessus du pont.

Je crus que j'allais m'évanouir et je serrais les dents pour retenir des gémissements de frayeur. Les yeux fermés, accroché aux cordages, j'eus besoin de quelques minutes pour reprendre mes esprits. J'entendis Bart proposer à Urbanus :

– Je vais aller lui donner un coup de main !

– Je te l'interdis ! Fiche-lui la paix ! Il se débrouille très bien tout seul !

J'ouvris les yeux et regardai droit devant moi. D'abord je ne vis qu'un bout de terre toute plate, entourée d'eau grise. C'était l'île de Texel. Sur ma gauche, j'aperçus l'un des navires qui devaient partir avec nous. Je déchiffrai son nom : le *Vrijburg*. Au fur et à mesure que mon attention se fixait sur ce qui m'entourait, le vertige desserrait son étreinte. Je respirai.

À travers le gréement semblable à une grande toile d'araignée, j'observai la moitié arrière du *Standvastigheid*, la dunette posée sur le gaillard d'arrière, les gens qui se déplaçaient sur

 les passavants. Mon regard plongea au pied du grand mât où Urbanus et Bart, tête levée, ne perdaient rien de mon exploit. Comme par miracle, ma peur s'était envolée.

– Descends maintenant, ordonna le Corse.

J'obéis et regagnai le pont sans difficulté.

– Ouais, pour un début, c'était pas mal ! admit Bart, impressionné malgré lui. Reste à voir ce que tu feras quand il y aura de la houle !

J'espérais qu'Urbanus m'adresserait un compliment, mais il avait disparu. Cet homme était un vrai courant d'air.

Oncle Chris entendit parler de mon aventure car, un peu plus tard, il lâcha cette remarque :

– Il paraît que tu es agile comme un singe !

Je l'interprétai comme des félicitations déguisées.

*

Quand il eut plus de temps libre à disposition, oncle Chris entreprit de m'instruire. M'entraînant un après-midi vers l'habitacle, il me fit découvrir le compas. Ensuite, dans la chambre du conseil, il me permit de prendre en mains une arbalestrille qu'il fallait tenir horizontalement en visant le soleil au zénith pour en mesurer la hauteur.

– Il n'est pas toujours facile de calculer avec précision notre latitude, surtout si la mer est démontée et le ciel nuageux. Depuis deux ans, nous avons un nouvel instrument plus perfectionné, mais très coûteux. Regarde, ça s'appelle un octant. Il mesure la hauteur comprise entre 0° et 90°. Une petite merveille.

J'admirai un modèle en bois avec deux miroirs minuscules pour observer les astres. Puis, je me penchai sur une plan-

chette autour de laquelle était enroulé un filin
plein de nœuds.

– Et ça, à quoi ça sert ?

– C'est un loch, pour connaître la vitesse du
bateau et calculer la distance parcourue. On
jette le flotteur lesté à l'arrière, et on laisse le fil courir pendant une demi-minute. Selon le nombre de nœuds dévidés, on
sait à quelle allure on marche. Les sabliers qui sont ici servent à mesurer le temps.

Il en saisit un et le retourna.

– Contrairement à ce que l'on pourrait croire, ils ne
contiennent pas de sable mais de la coquille d'œuf écrasée.
Tu vois, nous en avons de toutes les tailles. Le plus grand
s'écoule en quatre heures. Le temps d'un quart... si le timonier ne le retourne pas avant qu'il ne soit complètement vide.

– Pourquoi le ferait-il ?

– Pour abréger son quart, pardi !

Il rit de mon ébahissement.

– Voici une jolie longue-vue en cuivre qui appartient à
M. Morel et des cartes de Johannes Van Keulen. Ce sont les meilleures du monde. Les Français et les Anglais les utilisent aussi.

Mon oncle ne perdait jamais une occasion de citer ses com-
patriotes les plus célèbres.

*

À quelques jours de là, Mme Morel provoqua presque une
révolution à bord. Au petit déjeuner, elle se plaignit de ne pas
se sentir bien.

– Jan-Die, pourquoi ne prenons-nous pas nos repas dans la
chambre du conseil ? Nous aurions un peu plus d'air ! Ici, je
me sens incommodée !

– Si vous y tenez, pourquoi pas ? Monsieur Arnold, vous avez entendu ? Dès midi et jusqu'au départ, nous mangerons en haut !

Le steward tenta de s'opposer :

– Mais, capitaine, la table de la chambre du conseil est trop petite et il n'y a pas assez de sièges...

Il ne put terminer sa phrase parce que la femme du patron se leva sans crier gare et le bouscula pour sortir. Nous comprîmes tous qu'elle était malade.

Le capitaine lança :

– Monsieur Arnold, ne discutez pas les ordres, s'il vous plaît !

Il suivit son épouse dans la coursive.

Furieux, le steward se vengea sur nous. Toute la matinée, il nous fit courir d'une chambre à l'autre pour y apporter une table qu'il fallut cirer, des chaises, des assiettes et des verres que j'empilai à la place des livres dans la bibliothèque. Il nous talonnait en rouspétant, mais en se gardant bien de nous aider. Quand tout fut rangé, il prétexta que nos doigts sales avaient laissé des traces sur la vaisselle et il nous obligea à essuyer les assiettes une par une.

À l'heure du déjeuner, j'hésitai à faire semblant de trébucher pour lui renverser la soupière sur les pieds !

*

Le trajet de la cuisine au gaillard d'arrière était plein d'embûches. Chargés de grands plats, il fallait se faufiler entre les gens de l'équipage rassemblés sur le pont pour manger.

Quand Bart me vit avec le plateau des boissons, il faillit me faire tomber en me flanquant une bourrade.

– Tu m'salues pas ? T'as beau être au service des maîtres, tu restes le dernier des moussaillons !

– Je sais… répondis-je humblement.
J'avais compris que mes anciens amis étaient
des agneaux comparés aux gens de
l'équipage et que je devais me tenir à carreau.
– Il suffit d'un rien pour que tu perdes les
petits privilèges que tu as obtenus ! continua Bart. Alors, tu
feras comme nous, la queue devant la cambuse pour te remplir la panse !

– Je ferai comme vous…, répétai-je machinalement, histoire de ne pas envenimer la situation.

Il haussa le ton, pointant un doigt en l'air :
– Ce que tu n'sais pas, c'est qu'ici, on a une gamelle pour
sept. Quand c'est ton tour, tu dois te dépêcher d'engloutir ta
ration, laver ton écuelle et la passer au suivant. Si tu traînes,
tu t'la fais arracher des mains par ceux qui attendent !

– Merci de m'avertir.

Je fis semblant de rien, mais son petit discours me mettait
mal à l'aise.

– Tu tomberas de haut quand le vent tournera ! ajouta-t-il,
menaçant. Joue pas au plus malin !

Je parvins à lui fausser compagnie en enjambant trois soldats couchés par terre. J'avoue que, Simon et moi, nous
redoutions ces allers et retours au milieu d'une cohue qui se
moquait de nous. Nous devions faire très attention, éviter
bousculades et croche-pieds.

Je n'avais plus le temps de prendre mes repas avec les tonnelier, timonier, charpentier et autres maîtres. Je mangeais
donc avec M. Arnold, Simon et quelques marmitons. Le
maître coq nous réservait de bons morceaux. Il testait sur
nous les plats destinés à l'état-major.

 Sur le fourneau, la marmite de gruau d'avoine destinée à l'équipage n'avait rien de ragoûtant !

Bart disait vrai. Les occupants d'un bateau n'étaient pas traités de la même manière selon qu'ils vivaient côté poupe ou côté proue !

*

Le 20 octobre, oncle Chris me conseilla d'écrire à ma mère.

– Les autorités ont annoncé leur visite au capitaine. Nous allons pouvoir partir.

Sur la table de notre cabine, je m'installai devant une feuille de papier.

*

Chère maman, chère Dorith,
Nous sommes à bord depuis quinze jours et on me dit que nous allons enfin lever l'ancre.
Je me suis fait un ami qui s'appelle Adriaan. Il compare le Standvastigheid à un cheval qui ronge son mors en attendant de s'élancer. C'est vrai qu'on l'entend s'ébrouer la nuit, il tire sur ses harnais, il grogne, il piaffe... Bientôt il bondira sur les vagues et il paraît que ce sera un grand moment !
Oncle Chris m'explique à quoi servent les instruments de bord et il me raconte beaucoup d'histoires.
Je vais bien, la nourriture est bonne, je ne m'ennuie pas. Tout est si nouveau. J'ai beaucoup à apprendre, ça m'empêche de trop penser à la maison.
J'ai rencontré la femme du capitaine. Elle s'appelle Suzanna Morel. Elle est vraiment belle. Je pense qu'elle pourrait être une bonne amie pour vous, maman. Nous allons, oncle Chris et moi, lui confier nos lettres à vous remettre.

Portez-vous bien toutes les deux. Je veux
vous retrouver en bonne santé.
Je vous embrasse très fort
Votre fils dévoué
Jan

*

Je donnai cette lettre à mon oncle qui la cacheta avec la sienne.

– Vous ne la lisez pas ?

– Ce que tu confies à ta mère ne me regarde pas. Tu as le droit de te plaindre de moi si ça te chante !

– Je lui dis que tout va bien !

Il me dévisagea avant d'ajouter, doucement :

– J'espère qu'il en sera ainsi jusqu'à notre retour.

Il glissa les lettres dans sa poche et partit les remettre à Suzanna Morel.

Chapitre 6

Le directeur de la V.O.C., accompagné d'une délégation, arriva à bord d'un *lighter*. Tout ce beau monde s'enferma avec le capitaine, mon oncle, le subrécargue, le deuxième lieutenant et l'écrivain, dans la chambre du conseil, ce qui rendit M. Arnold furieux : il avait reçu l'ordre d'y organiser la réception de départ.

– Je ne peux pas mettre le couvert s'ils prolongent indéfiniment leur entretien ! Pourquoi ne tiennent-ils pas leur réunion dans la grande chambre ? C'est complètement idiot ! J'en ai assez d'être larbin sur un bateau où les dames font des caprices et les officiers sont des girouettes !

Il criait comme un hystérique. J'avais du mal à garder mon sérieux.

Simon leva les yeux au ciel. M. Arnold le surprit :

– Reste poli, jeune crétin ! Quand on ne comprend rien à rien, on respecte ceux qui pensent pour vous ! Dès que l'assemblée sortira, vous vous précipiterez, Jan et toi, pour mettre une nappe sur la table. Vous compterez les chaises ! Il en faut quatorze ! Vous m'entendez ? Répondez quand je vous parle !

Heureusement, M. Helt ouvrit la porte dix minutes plus tard, et on eut le temps d'organiser le festin.

La conversation m'apprit que l'état-major avait reçu des instructions concernant la route à suivre, les marchandises à livrer et à charger à Batavia.

Après le café, Mme Morel nous fit ses adieux. Quand elle me toucha la main, elle s'efforça de sourire, mais je vis des larmes briller dans ses yeux. Elle était triste de quitter son mari.

Le capitaine l'accompagna jusqu'à la coupée et l'embrassa longuement. Elle rejoignit la délégation de la Compagnie qui l'attendait sur le *lighter*.

Le reste de la journée fut occupé à assurer les fermetures des casiers, des tiroirs et des portes de buffet, à tendre des filets sur les étagères à provisions de la cambuse, à caser les verres, les dames-jeannes et les bouteilles dans les espaces appropriés, à attacher solidement les meubles et tout ce qui pouvait l'être.

– Quand nous serons en mer, nous répéta trois fois M. Arnold, vous devrez être très méticuleux. Un objet mal rangé risque de tomber et pire, de blesser quelqu'un.

L'équipage non plus ne chômait pas. Les caillebotis qui permettaient l'aération de l'entrepont furent recouverts de bâches, l'arrimage des marchandises dans les cales fut une fois encore contrôlé.

Ce même soir, j'aidai oncle Chris à passer des cordes dans les poignées de nos coffres pour les fixer contre les parois.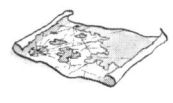

– Dors bien, me souhaita-t-il tandis que je me couchais. Ce sera notre dernière nuit calme avant longtemps.

*

Quand je me réveillai, la couchette de mon oncle était vide. Je me hâtai à l'extérieur où régnait une grande agitation. Les marins hissaient des voiles sur le grand mât et le mât de misaine à l'aide du cabestan dont six hommes faisaient tourner les barres. Grimpés dans la mâture, les gabiers s'occupaient des vergues.

Le capitaine étudiait la carte et mon oncle sondait la profondeur de l'eau avec un filin. Devant nous, le *Vrijburg* s'éloignait lentement en direction du passage entre Texel et Den Helder.

L'*Amstelveen*, le second bateau de notre convoi, attendit la fin de notre manœuvre pour débuter la sienne. Le vent paraissait favorable. Un soleil pâle perçait la couche de nuages.

– Qu'est-ce que tu fais là ? Tu rêvasses ? me demanda d'un ton sec M. Arnold. Tu n'es pas chargé de diriger les opérations, que je sache ! Dépêche-toi de servir le petit déjeuner avant que ça remue !

Sans un mot, je déguerpis.

Les officiers se présentèrent à tour de rôle pour engloutir un peu de nourriture, puis tout se passa très vite.

Quand le bateau bougea, sans plus nous préoccuper du service de table, nous nous précipitâmes, Simon et moi, à la proue, pour assister au départ.

 Le *Standvastigheid* franchit lentement le passage étroit qui le reliait à la mer. Nous agitions les bras pour saluer les gens qui, sur terre, nous regardaient partir.

Une certaine tension accompagna notre arrivée dans la mer du Nord.

– Il y a de méchants bancs de sable par ici, m'expliqua un soldat. On doit rester très attentifs.

Je vis que le timonier continuait de sonder l'eau frénétiquement et lançait des chiffres retransmis au capitaine, posté à côté de l'homme de barre. Urbanus dirigeait l'équipage à coups de sifflet stridents.

Mon oncle prépara l'envoi d'autres voiles, et quelques matelots contrôlèrent les ancres suspendues aux bossoirs pour éviter des frottements contre la coque.

Bientôt nous fûmes au large. Les vagues nous imposaient un balancement régulier et le vent soufflait sans violence. C'était un beau jour pour cette mer souvent démontée. J'étais content. Après une longue attente, enfin nous changions d'horizon!

Grisé par l'air du large, Urbanus poussa une sorte de hululement joyeux qui fit sourire tout le monde.

*

Pendant deux jours, la stabilité du temps nous permit d'avancer au plus près, tribord amures, en direction du nord de l'Écosse.

À chaque changement de cap, oncle Chris m'expliquait notre allure et m'indiquait notre position sur la carte.

– Quand nous reviendrons, tu en sauras autant sur les navires que si tu sortais d'une école d'officiers, me promit-il.

Il me rabâchait le nom des voiles : la civa-
dière et la contre-civadière sur le beaupré, le
petit perroquet, le petit hunier et la misaine
sur le mât de misaine, le grand perroquet, le
grand hunier et la grand-voile sur le grand
mât, la perruche, le perroquet de fougue et la voile d'artimon
sur le mât d'artimon. Pour les allures du largue ou du vent
arrière, on rajoutait des bonnettes. Pas question pour moi
d'oublier les focs, les voiles d'étai et la brigantine ! Je devais
prendre ses leçons au sérieux !

– Il n'y a que deux cordes sur un voilier, m'annonça-t-il
avec le plus grand sérieux.

Je le regardai sans comprendre.

– Il y a la corde de la cloche et la corde de rechange de la
cloche ! ajouta-t-il en riant. Tout le reste porte un nom particulier que tu apprendras vite. Les cordages sont en chanvre.
Ils représentent une part importante du poids du bâtiment.

En plus de cet enseignement pratique, il me faisait lire à
haute voix les aventures de Robinson Crusoé. Il corrigeait ma
prononciation, traduisait le texte et dressait la liste des mots
nouveaux que je devais mémoriser. Il tenait beaucoup à ce
que j'apprenne l'anglais.

Le soir, dans notre cabine, il me racontait les vies et les
exploits de Vasco de Gama, Christophe Colomb, Hernán
Cortès...

Souvent, je mourais de fatigue. Je n'avais plus envie
d'écouter ses histoires. Et puis, ma mère, mon pays commençaient à me manquer. Le jour, devant les autres, j'arrivais à
faire bonne figure. Mon travail, ma curiosité m'y aidaient.
Mais, avec la tombée de la nuit, je voyais tout en noir.

 Si, pour couronner le tout, oncle Chris constatait que je n'avais pas rangé mes vêtements ou que mon lit était défait, et qu'il me le reprochait, je ne me maîtrisais plus :

– Toute la journée je dois supporter la maniaquerie de M. Arnold, alors, vous n'allez pas vous y mettre, vous aussi !

Il ne relevait pas mon impertinence, il me mettait simplement en garde :

– Souviens-toi que je ne suis pas obligé de partager ma chambre avec toi. Si tu veux y rester, respecte la consigne. Ne laisse pas traîner tes affaires partout et plie ta couverture !

Quand il avait dit ce qu'il avait à dire, il passait à autre chose. Moi, en revanche, j'étais trop susceptible pour oublier une observation même justifiée. Je ruminais ma vexation, je boudais, je le punissais de m'imposer sa loi.

*

Bart était un garçon étrange. Ses remarques vexantes me donnaient souvent envie de le gifler. En revanche, son humour grinçant, son insolence m'épataient. Les fortes têtes de son espèce m'impressionnaient beaucoup. Je me demandais où Bart trouvait le cran de se rebeller sans s'inquiéter des conséquences.

J'aurais adoré, moi aussi, m'opposer aux ordres contradictoires dont on me bombardait et, surtout, envoyer balader M. Arnold ! Je n'osais pas. Si à Amsterdam, je ne manquais pas d'audace, à bord, il y avait trop d'yeux pour me surveiller et je craignais la sévérité des sanctions.

Vu que, Bart, Simon et moi étions les plus jeunes, nous discutions beaucoup ensemble.

– On va bientôt avoir droit au premier cadavre, nous annonça Bart, un après-midi.
– Comment le le s... sais-tu ? demanda Simon qui avait tendance à bégayer.
– Venez voir, si ça vous intéresse !

Je les suivis dans l'entrepont où je m'étais toujours bien gardé de me rendre parce que la plupart des marins y trouvaient refuge la nuit et que je n'avais pas envie de me frotter à eux.

– Ça pue ! remarqua Simon en pinçant son nez épaté.
– C'est l'odeur du bateau ! répondit Bart avec le plus grand sérieux. Faut pas oublier qu'en plus des humains, il y a des cages à moutons là-dedans alors, quand on recouvre les caillebotis avec des bâches, ben, ça fermente !

L'endroit était à peine éclairé par la lumière que laissaient passer les sabords. Je respirai avec dégoût un mélange de relents de transpiration, d'urine, de vomi, de déjections, de laine de mouton mouillée et de pourriture.

– Au début, ça surprend et puis, on s'y fait, nous confia Bart.

Quand nos yeux furent habitués à la pénombre, j'aperçus les cages à moutons. Serrés les uns contre les autres, ils attendaient de passer à la casserole. Au-dessus s'alignaient les hamacs des marins et des soldats.

– Voilà mon hamac, dit Bart en indiquant le seul qui était accroché dans un angle, et juste en face, vous voyez le moribond dont je vous ai parlé !

Il secoua ce dernier sans ménagement :
– Eh, Gerrit, t'as de la visite ! C'est un honneur pour toi ! Ces messieurs viennent de la poupe pour te voir ! Montre-leur ta figure !

Il n'y eut aucune réaction.

 – Il a peut-être déjà rejoint les anges! soupira Bart.

Une voix faible se fit entendre.

– Non, je suis pas encore mort, mais je retiens ma toux. J'ai si mal dans la poitrine... Donne-moi un gobelet de rhum, moussaillon, pour calmer mes douleurs! Quand il releva la tête, je reconnus le vieux qui crachait sur le pont. Son visage était gris.

– Je vais essayer de t'en obtenir, promit Bart. Tu vas mieux? C'est la goulée que t'as avalée avec ton petit déjeuner qui t'a mis en forme? T'es pas si malade que ça, Gerrit! T'es surtout un sacré ivrogne!

– C'est pas vrai, gémit le malheureux qui se mit à étouffer.

– Allons-nous-en, décida Simon. Il est p... pas beau à voir!

– Personne ne le soigne? Le chirurgien ne s'en occupe pas? demandai-je à Bart.

– Gerrit veut pas en entendre parler. Il dit que tous les médecins sont des ânes et que le rhum est le seul médicament efficace!

Bart rigola et Simon l'imita. Je prétextai un travail pour me réfugier dans ma cabine. Quand oncle Chris m'y rejoignit, je lui posai la question qui me préoccupait :

– Il en meurt beaucoup par voyage?

– Quelques-uns...

– Si on recrutait des gars en meilleure santé, ça serait peut-être mieux! Il y en a un qui est en train de crever dans l'entrepont.

Mon ton était volontairement accusateur.

– Merci de m'avertir, dit-il posément. Je le ferai transporter à l'infirmerie.

Après avoir contourné les îles Britanniques, une grosse tempête nous accueillit au large du golfe de Gascogne.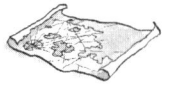
Le vent du sud-ouest arrivait par rafales, la mer était devenue blanche. Le capitaine fit réduire la voilure en prenant des ris. Beaucoup de gens autour de moi avaient le mal de mer. Je les voyais pâlir et se précipiter pour vomir par-dessus bord. Certains, comme Simon, ne purent assurer leur service, tant ils se sentaient faibles.

Moi, heureusement, j'avais l'estomac moins fragile.

M. Arnold en profita. Aussi longtemps que Simon resta absent, je dus le remplacer.

Un matin, je me révoltai.

Mon oncle s'était levé à l'aube pour prendre son quart. Moi, je fis la grasse matinée. Quand enfin j'apparus sur le pont, le steward m'attrapa par l'oreille et me tira dans la chambre du conseil où il m'administra deux gifles et des coups sur la tête. Sa vilaine bouche tordue me postillonnait dans la figure.

– Tu n'es pas malade et tu oses te présenter à cette heure !

– Je ne me suis pas réveillé, dis-je en retenant de toutes mes forces des larmes de rage.

– Sale petit effronté ! Je vais t'apprendre à vivre !

Il me frappa encore avec son poing. Ensuite, il me condamna au pain sec et à l'eau pour le reste de la journée.

Le croûton que l'on me remit dans une écuelle était vert de moisissure. Je n'y touchai donc pas. J'avais tellement faim que la tête me tournait.

Le soir, quand mon oncle me rejoignit, je me sentais si mal que je laissai éclater ma colère.

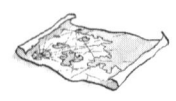

– Vous avez promis à ma mère de me protéger et, au lieu de cela, vous laissez le steward me maltraiter.

Le lieutenant fit la sourde oreille. Il se déshabilla, s'allongea sur sa couchette, ouvrit un livre. Je hurlai, fou de rage :

– Je ne voulais pas faire ce voyage ! Je déteste ce bateau ! Je déteste les hommes qui sont à bord. M. Arnold est pire qu'un bourreau !

Il demeura imperturbable. Je me mis à pleurer, sans la moindre retenue. Quand enfin, je m'arrêtai, il posa son livre :

– Mon cher enfant, dit-il sans hausser le ton, je ne peux pas empêcher M. Arnold de te punir si tu l'as mérité. Je t'ai averti : sur un bateau, on ne badine pas avec la discipline. Plie-toi au règlement et tout ira bien.

Il n'ajouta rien, souffla la bougie. J'étais exténué au point que le sommeil m'arracha vite à mes idées noires.

Je fus heureux au lever du jour de recevoir une gamelle de gruau d'avoine.

Il fallut du temps pour que s'atténue mon indignation. Je ne parlais à personne, pas même à Simon que j'apercevais quand, entre deux séances de vomissement, il allait quémander un peu d'eau à la cuisine, et j'échaffaudais des projets de vengeance à l'encontre du steward.

Chapitre 7

Durant les jours de tempête, je renonçai à mes rendez-vous avec Adriaan. J'avais peur d'avoir mal au cœur dans la sainte-barbe. Je préférais rester sur le gaillard d'arrière à contempler la houle qui nous malmenait.

Bart me héla de la proue :

– Si tu voyais l'état de l'entrepont ! C'est répugnant ! Que veux-tu, deux poulaines pour une centaine de types qui dégueulent, ça ne peut pas suffire !

– Comment va Gerrit ?

– J'en sais rien. Il a été confié au chirurgien. Si ça se trouve, il est mort, mais, avec ce temps de chien, on nous le dit pas. On attend une accalmie pour la cérémonie funèbre !

Son cynisme me dérangeait. N'avait-il vraiment aucun cœur ou voulait-il m'impressionner ?

 Le maître coq dut éteindre ses feux, et pendant plusieurs jours, nous n'eûmes pas de repas chauds. À la place, on nous distribua des biscuits de mer, du fromage, de la morue salée et des pommes. Comme il faisait frais et que nos vêtements étaient trempés par les grains à répétition, on doubla les rations d'alcool.

Je ne pouvais plus faire bouillir de l'eau pour le thé de mon oncle.

– Ne t'inquiète pas, dit-il. Je me contenterai de limonade.

Étonnamment, je n'avais pas peur, même quand le bateau gîtait fort ou que les vagues nous arrosaient. J'avais confiance. Je me disais que la bête qui, jusque-là, avait sommeillé dans les flancs du navire semblait satisfaite de s'ébrouer sans contrainte. Les gargouillis, chuintements et clapotis qui montaient de la coque me paraissaient joyeux.

Il nous arriva, deux fois, d'apercevoir le *Vrijburg*, à travers le brouillard. Comme nous, il avait placé une lanterne en haut du grand mât pour se rendre plus visible. Il avançait dans la même direction que nous, sud quart sud-ouest.

En revanche, l'*Amstelveen* avait disparu mais personne ne semblait s'en inquiéter.

– Au pire, on le retrouvera au Cap, déclara oncle Chris.

*

Pendant la semaine de vent fort, l'équipage eut l'occasion de s'exercer à balancer les voiles, à les réduire et à les redéployer.

Oncle Chris et le capitaine avaient décidé de naviguer très à l'ouest de la côte d'Afrique pour ne pas courir le risque d'être drossés contre les îles de Madère et des Canaries.

Au trente-cinquième parallèle, le soleil réapparut, le vent faiblit et changea de sens. La mer reprit une belle couleur. Nous avions atteint les alizés du nord-est. 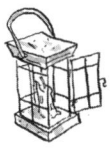 En partie déventées, les voiles de l'avant furent carguées pour les empêcher de claquer.

Les malades ressurgirent, le coq ralluma ses feux, l'équipage mit ses vêtements à sécher et les officiers s'occupèrent de faire réparer les dommages subis pendant le gros temps.

Avec le retour de Simon, mon service reprit normalement et l'humeur générale s'améliora.

C'est alors que, comme Bart l'avait prédit, on nous annonça la mort du pauvre Gerrit. On ne nous dit pas quand elle s'était produite mais, Bart me glissa à l'oreille que ça devait dater de plusieurs jours.

Le porte-voix du capitaine rassembla tout le monde sur le pont.

Le corps de Gerrit, porté par quatre matelots et emballé dans un drap blanc cousu aux deux bouts, fut déposé sur le gaillard d'avant.

– Même mort, un matelot n'a pas le droit de monter sur le gaillard d'arrière, commenta Bart à voix basse.

Le capitaine lut une page de la Bible.

Les hommes avaient tous enlevé leur bonnet. Ils se recueillirent pendant la prière qui suivit puis entonnèrent un psaume. J'en fus tout retourné. Bart se moqua de moi.

– Tu le connaissais pas! T'as pas besoin de jouer les pleureuses, railla-t-il.

Quelques instants plus tard, le corps fut hissé sur une planche et basculé à la mer. Il s'enfonça immédiatement car il

avait été lesté avec des pierres. Je frémis et priai pour que ça ne m'arrive jamais.

– Sa famille touchera pas plus d'un mois de paye, commenta Bart, et encore... Les gars comme Gerrit laissent que des dettes. Les « marchands d'âmes » qui les ont épongées vont se rembourser en empochant ce qu'ils pourront.

– Pourquoi as-tu choisi ce métier ? demandai-je à brûle-pourpoint.

– Ça te regarde pas, répondit-il en me tournant le dos.

La cérémonie terminée, le capitaine fit distribuer une ration de rhum à tout le monde. Oncle Chris refusa la sienne et j'en fis autant. Le capitaine se fâcha :

– Monsieur Van Dijk, non seulement vous n'êtes pas drôle, mais vous éduquez mal votre neveu ! Un marin qui ne boit pas, ne partage pas la liesse générale. C'est un rabat-joie qui sape le moral de la troupe !

– Désolé de vous déplaire, capitaine, mais vous me connaissez depuis assez longtemps pour savoir que vous ne pourrez pas me changer, répondit mon oncle d'un ton ferme.

– Dommage, dommage... Par contre, ce mousse est à mon service... J'ordonne qu'il goûte au rhum !

Je saisis un gobelet sur la table et aspirai une grande lampée que je recrachai aussitôt sur le pont.

– C'est fort, dis-je en grimaçant.

Le capitaine me regarda avec ironie tandis que mon oncle s'éloignait.

Ce soir-là, le capitaine renouvela les rations. En regagnant sa cabine, il chantait à tue-tête :

Je préfère être rond, rond,
Que boire du jus d'citron !
Oncle Chris l'entendit aussi bien que moi
mais ne fit aucun commentaire.

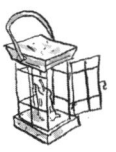

*

La chaleur augmenta. Les hommes, aux allures débraillées, se protégeaient tant bien que mal du soleil à l'aide de grands chapeaux ou de foulards, transformés en turbans. Ils avaient abandonné chaussures et sabots. Prenant exemple sur Urbanus, ils couraient tous pieds nus. Seuls, les officiers conservaient leurs bottes et suffoquaient dans leur redingote.

Notre vie était rythmée par la cloche qui sonnait les quarts et les heures des repas. Les sabliers étaient retournés inlassablement.

Les poissons volants, qui atterrissaient sur le pont, ou les dauphins, qui nous accompagnaient un bout de chemin, étaient nos seules distractions.

Sur l'immensité bleue, nous nous sentions petits, surtout depuis que nous avions perdu de vue les deux autres navires qui faisaient partie de notre convoi.

Souvent l'après-midi, je me réfugiais dans ma chambre et j'écrivais à ma mère. Je tenais une sorte de journal dans lequel je lui racontais les faits les plus marquants, comme la mort de Gerrit. À la fin de chaque page, je lui répétais que je l'aimais et qu'elle me manquait.

*

Un matin, Bart tendit son poing fermé à Simon :
– Tiens, j'ai un cadeau pour toi ! dit-il en lui écrasant dans la main des crottes de mouton fraîches.

/ 87 /

 – Cochon ! hurla Simon.

Sans laisser à Bart le temps de reculer, il lui flanqua ses doigts souillés sur la figure. À son tour, Bart se fâcha. Les deux mousses en vinrent aux mains et roulèrent sur le pont, agrippés l'un à l'autre.

– Prenez garde, les avertirent les hommes qui assistaient à la scène. Les officiers ont horreur des bagarres !

Trop occupés à se battre, les garçons n'entendaient plus rien.

– Passez-moi un couteau, cria Bart, que je coupe la gorge de ce bègue !

– C'est toi qui mérites une raclée ! rétorqua mon oncle en essayant de séparer les adversaires.

À sa demande, quelques équipiers lui vinrent en aide.

Bart ressemblait à un chien enragé prêt à mordre et Simon était rouge comme une écrevisse.

Mon oncle ordonna de leur attacher les mains derrière le dos et de les enfermer dans la cale.

– Vous pourrez réfléchir à votre conduite en attendant que le capitaine décide de votre punition, leur dit-il.

Le steward, qui venait d'arriver, prit un air offusqué.

– Mais qu'est-ce qui vous prend ? Vous emprisonnez les mousses ?

– Quand ils se conduisent mal, oui, répondit oncle Chris imperturbable.

– Qu'ont-ils fait ?

– Ils se sont battus, expliqua un soldat, parce que Simon a écrasé des crottes de bique sur la bouche de Bart.

– Dans ce cas, il faut punir Simon ! décida M. Arnold.

– Vous n'avez pas assisté à la dispute, monsieur Arnold, alors s'il vous plaît, ne vous mêlez pas de ça ! répliqua oncle Chris. Une lueur de haine s'alluma dans les yeux du steward.

– Bart est votre tête de Turc, monsieur Van Dijk. Un jour, vous payerez pour ça !

J'en restai stupéfait. Comment osait-il s'adresser ainsi à un supérieur ?

Sans se laisser désarçonner, oncle Chris répondit d'un ton qui n'admettait pas de réplique :

– Vos menaces sont déplacées, monsieur Arnold.

Le steward s'éloigna en tapant du pied pour manifester son mécontentement. On emmena les mousses. Après plusieurs heures, le capitaine autorisa enfin leur libération. Il s'adressa à eux avec autorité :

– Je ne veux pas savoir qui, de vous deux, a commencé, mais, à partir de maintenant, je vous ai à l'œil. Le premier qui se conduira mal aura droit à trois jours au pain sec et à l'eau. Votre âge n'arrangera pas les choses. Je serai sans pitié !

Les garçons s'éloignèrent, assez contents de s'en tirer à si bon compte. Je pensai que le capitaine avait fini par céder au steward qui l'avait supplié de faire preuve d'indulgence.

Ce genre de troubles démontrait que l'équipage avait les nerfs à fleur de peau. Avec la chaleur et l'ennui, l'ambiance devenait pesante.

*

Je remarquai que mon oncle ne cherchait pas à lier des amitiés à bord. Il traitait tout le monde de la même manière. En

cela, M. Anthony, qui n'élevait jamais la voix et évitait les discussions, lui ressemblait.

Le capitaine avait son clan. Il s'entendait bien avec qui partageait son goût pour les longues soirées arrosées et les plaisanteries. Le chirurgien, Michiel Delia, et le marchand, Abraham Van Rossum, étaient du nombre.

Quant à M. Arnold, il s'en prenait à tout le monde, sauf à Bart à qui il réservait des sourires mielleux horripilants. Je me demandais ce qu'il lui chuchotait parfois à l'oreille. Le mousse se détournait avec impatience. Étrangement, le steward, si pointilleux à notre égard, supportait ses rebuffades sans sourciller.

En ce qui me concernait, je n'analysais pas bien ce que je ressentais pour mon oncle. Au fil des jours, notre entente s'améliorait. On s'habituait l'un à l'autre. Chacun y mettait du sien pour éviter les heurts.

Souvent, j'hésitais à m'ouvrir à lui... et puis, non. Je ne parvenais pas à oublier qu'il était la cause de tous les tourments que j'endurais. Mais, bizarrement, j'avais beau lui en vouloir, je ne tolérais pas qu'on lui manquât de respect, ni qu'on le critiquât devant moi. Dans ces moments-là, par esprit de famille, je prenais toujours sa défense.

C'était avec Simon que je m'entendais le mieux. Il n'avait pas inventé la poudre, mais il était si gentil. Je lui livrais tout ce qui me passait par la tête. Bon public, il riait, sans me juger.

Enfin, je voyais Adriaan. Avec lui, j'apprenais beaucoup de choses. Je lui posais mille questions.

– Est-ce que les canons en fer sont meilleurs que les canons en bronze ?

– Non, mais ils sont beaucoup moins coûteux.  Pour le prestige, chaque navire essaie de conserver quelques canons en bronze.

– Tu me montreras comment tu les charges ?

– Par la bouche. On y introduit la poudre et le boulet. Avec un peu d'expérience, on arrive à tirer un coup à la minute.

Nous étions partis de Hollande depuis cinquante jours et il en manquait encore une fois autant, si ce n'était plus, pour arriver au Cap...

Chapitre 8

Nous étions parvenus à l'équateur.

Comme je passais la ligne pour la première fois, j'étais la proie rêvée pour les canulars.

Inquiet, je me cachai dans ma chambre, mais oncle Chris m'en délogea.

– Entre dans leur jeu, Jan ! Ils attendent ça de toi !

Non sans appréhension, je suivis son conseil. J'avais à peine mis le nez dehors que l'on m'attrapa pour me déshabiller et me savonner dans un baquet posé sur le pont. Le trident d'un Neptune à perruque verte me piqua les fesses au sang. Je criai de douleur.

– Si tu veux que ton supplice cesse, improvise une petite danse !

J'étais prêt à tout pour avoir la paix !

 Dégoulinant de mousse, je sortis du baquet et, nu comme un ver, je commençai à me trémousser, d'abord lentement, puis de plus en plus vite. Les bras en l'air, je sautillai, tournai dans un sens, puis dans l'autre en chantant à tue-tête. Interloqués, mes tortionnaires éclatèrent de rire. J'en profitai pour leur échapper et courir me rhabiller. À la fin de l'après-midi, l'ambiance s'alourdit. L'alcool embuait les esprits. C'est alors qu'on distribua des fouets aux mousses pour qu'ils se tapent dessus : une tradition destinée à leur apprendre que la vie de matelot était pénible et qu'ils devaient s'endurcir pour la supporter. Devant l'équipage hilare, Bart et Simon commencèrent à se flageller mutuellement.

Quand Simon estima qu'il avait eu sa ration, il fit signe à Bart que j'avais droit à la mienne.

En agitant mon fouet devant moi, je réussis pendant une demi-minute à les maintenir à distance, mais, très vite, ils se séparèrent et m'attaquèrent, l'un par-devant, l'autre par-derrière. Contre deux ennemis de cette taille, j'avais peu de chance de gagner.

Je sentis que Simon ne s'acharnait pas. Son bras retombait mollement, pour ne pas me défigurer. Bart, par contre, s'en donnait à cœur joie. Il me zébra les omoplates et ne tint aucun compte de mes protestations, même quand je tombai à genoux. Je l'entendis ânonner entre chaque coup : « Ça t'apprendra, imbécile... à me piquer... ma place ! » Il me tabassait encore quand Adriaan s'interposa :

– Assez ! hurla-t-il.

Seul le capitaine avait le droit d'ordonner la fin du jeu, or il buvait son rhum et ne remarquait rien. Mon oncle lui parla à

l'oreille et obtint enfin qu'il levât la main.
Bart s'éloigna en maugréant tandis que
l'équipage, déçu de voir la séance écourtée,
me railla :

– Bouououou! Pauvre minable!

Je me relevai pour courir pleurer de douleur et de rage dans
ma cabine. Oncle Chris arriva un moment plus tard.

– Tu as été brave, dit-il.

Je me redressai, débordant de colère :

– Regardez dans quel état je suis! À cause de vous! Je ne
vous le pardonnerai jamais! Et ça ne leur a même pas suffi.
Ils se sont aussi bien moqués de moi!

– On est tous passés par là. On s'en remet, crois-moi.

– J'ai trop mal! C'était idiot de les laisser faire! Quand ma
mère saura… Je lui dirai tout!

Je sanglotai bruyamment.

Sans s'émouvoir, il passa un torchon mouillé sur mes
épaules. Je me mis à crier, en me démenant comme un fou.
Mes plaintes durèrent longtemps. Mon oncle ne perdit pas
son flegme. Il avait compris qu'avant tout, c'était mon
amour-propre qui était blessé.

Pendant les dix jours qui suivirent, je ne desserrai pas les
lèvres. Il ne chercha pas, comme ma mère, à me raisonner. Il
m'ignora. À la fin, je fus bien forcé de me remettre à parler.

Les traces du fouet demeurèrent visibles sur ma peau
durant une bonne semaine. Comme il faisait très chaud et
que je me promenais torse nu, les hommes de l'équipage
eurent ainsi le loisir de les contempler. L'un d'eux s'exclama :

– Bigre, le passage de la ligne t'a marqué!

Je pris un ton détaché :

– Bah... quelques éraflures... Pas de quoi en faire un plat ! Il me sourit de sa bouche édentée et me félicita de ma bravoure. Ma colère s'en trouva miraculeusement atténuée.

*

Pour Noël, chacun revêtit une chemise propre et, devant l'équipage aligné, le capitaine lut l'histoire de la naissance de Jésus. Chapeau bas, les hommes prièrent pour leur famille qui les attendait au pays.

Moi, je me remémorai le sourire tendre de ma mère et celui, si innocent, de Dorith. Ce fut comme si on me poignardait. J'eus toute la peine du monde à retenir l'émotion qui m'envahissait.

Afin d'éviter un abattement général, le capitaine ordonna aux musiciens de jouer des airs de folklore. Il encouragea les hommes à danser en se lançant lui-même dans une bourrée qui le mit en nage.

Le deuxième lieutenant, M. Helt, se présenta déguisé en femme, exhibant une énorme poitrine fabriquée avec des chiffons. Son arrivée déclencha un tonnerre d'applaudissements. Enhardi par cet accueil, il se dandina, lança ses jambes en l'air, enchaîna une série de pirouettes de plus en plus rapides, perdit l'équilibre et s'étala de tout son long. Nous pleurions de rire. Je ne m'attendais vraiment pas à cela de sa part. Il me paraissait si éteint !

Le repas de mouton aux fèves qui suivit, et le gâteau aux raisins secs calèrent les estomacs. Bien entendu, le rhum coula à flots. Les hommes, éméchés, pleurèrent dans les bras les uns des autres.

*

À partir du cinquième degré de latitude,
le vent tomba tout à fait.
– C'est le pot au noir, m'avertit oncle
Chris. Pourvu qu'on ne perde pas trop de
temps !
– Qu'est-ce que ça veut dire ?
– Nous sommes dans les calmes de l'équateur. La mer est
lisse comme un miroir et le soleil tape fort ! Il n'y a plus un
souffle ! Parfois, ça dure longtemps...
Ce fut en effet l'un des pires moments de notre navigation.
L'air était si moite qu'il en devint irrespirable. Nos voiles
pendaient comme de vieux chiffons mouillés. Nous n'avancions plus... Malgré cela, Urbanus jetait dix fois par jour le
loch, peut-être pour conjurer le sort !

Toujours pour m'empêcher de perdre mon temps, oncle
Chris m'obligeait à lire. Appuyé contre la paroi du gaillard
d'arrière, je feuilletais mon *Robinson Crusoé* sans parvenir à
me concentrer. Il faisait si chaud... Je finis par me coucher
sur le dos, vaincu par le sommeil.

Tout à coup, une douleur atroce me réveilla. Je hurlai,
cherchai mon souffle, perdis conscience.

Quelques hommes approchèrent pour voir ce qui se passait. L'un d'eux ramassa l'objet qui m'avait heurté le torse
avant de rebondir un peu plus loin.

– Regardez ! Il a reçu une poulie ! Dieu du ciel, s'il l'avait
prise sur le crâne, il était mort !

J'avais si mal que j'étais incapable de m'asseoir.
Simon courut appeler mon oncle. Urbanus se pencha sur moi
pour m'examiner et quand il appuya un doigt sur le point
douloureux, je poussai un cri.

– Ne le touchez pas, ordonna-t-il aux matelots qui me tiraient par les bras. Laissez-le
revenir à lui !

Le timonier s'élança vers les haubans et
monta à toute allure sur la hune. Je l'entendis hurler :

– Je tiens le responsable ! Il se cachait ! Descends de ton
perchoir, espèce de vaurien, viens te montrer au grand jour !
Tu as failli tuer Jan !

Mon oncle arriva sur ces entrefaites et Simon lui raconta ce
qui s'était passé. À ce moment, le timonier poussa Bart
devant lui :

– C'est lui, le fautif ! Je me demande ce qu'il fichait dans la
mâture ?

– Rien, je vous le jure ! Je n'étais pas au-dessus de Jan
quand la poulie est tombée ! Il y a une dizaine de gabiers qui
travaillent en ce moment sur le gréement… L'un d'eux l'aura
lâchée ! se défendit Bart.

Il regardait les hommes qui l'entouraient, à la recherche
d'un soutien. Mais tous détournèrent les yeux.

– Ce sera facile à vérifier, répondit M. Helt. Si tu mens, je te
garantis que tu seras châtié !

– Je vous dis que je ne suis pas coupable ! Combien de fois
faudra-t-il le répéter ? hurla Bart avec insolence.

– Tais-toi. On discutera de cela plus tard, décida oncle
Chris. Pour l'instant, il me faut quatre gaillards pour porter
Jan sur sa couchette. Il ne doit pas rester au soleil !

Quand on me souleva, je m'évanouis. Je ne repris
conscience que lorsque le chirurgien m'eut fait une saignée.

J'étais dans notre cabine, allongé sur ma couchette et oncle Chris me tenait le bras.
– Je ne vais pas mourir ? demandais-je, angoissé.
– Non, me rassura M. Delia. Tu dois avoir une ou deux côtes cassées. C'est douloureux mais en général, au bout de quatre semaines, ça s'arrange. Sois patient !
Quand il se retira, je sanglotai. En cet instant, j'aurais tout donné pour être à la maison.
– Je maudis le jour où j'ai mis les pieds sur ce bateau !
Oncle Chris fit semblant de n'avoir pas entendu.

*

En dépit de mon humeur exécrable, il tint parole : il prit grand soin de moi.
Je dépendais entièrement de lui pour être désaltéré, nourri, lavé. Il me passait le vase, m'aidait à changer de chemise. Au début, chaque mouvement m'arrachait des cris que je n'essayais pas de retenir. Ce fut donc aussi pénible pour lui que pour moi.
Pour me distraire, il termina la lecture de *Robinson* à haute voix. Ensuite, il attaqua *Les voyages de Gulliver*.
Enfin, je me sentis un peu mieux. Adriaan fut autorisé à me rendre visite.
Mon ami était né à Den Helder et je pense que, à force de voir des navires passer devant lui pour rejoindre la haute mer, il s'était découvert une vocation de marin. Il me confia qu'une bonne partie de sa famille travaillait pour la Compagnie : son père dans un chantier naval à Delft, son

frère aîné, en tant que commis. Son frère cadet était simple soldat dans une garnison à Batavia.

– Je me réjouis de le revoir bientôt, dit-il. La dernière fois qu'il m'a écrit, il souffrait des fièvres des marais. J'espère qu'il va mieux !

Simon m'apporta mon repas un soir où mon oncle était de quart.

– Le lieu... lieutenant m'a dit que je p... pouvais te tenir c... compagnie, dit-il en posant le plateau sur mes genoux.

Il avait attrapé un terrible coup de soleil. Son front, son gros nez et ses joues étaient à vif.

– Tu as vu ta tête ?

– Un type a... euh... a prétendu que mes boutons... euh... dis... disparaîtraient si je me mettais au soleil. Je me demande s'il avait rai... raison ?

– Il s'est moqué de toi, mon vieux. En plus des boutons, tu as la pelade et des croûtes ! T'es moche à pleurer !

Simon s'esclaffa. Je le questionnai sur les autres. J'appris que M. Arnold avait exigé un marin pour me remplacer mais qu'il n'en était pas content. Vu son caractère, je ne fus pas surpris.

– Et Bart ? Que devient-il ? demandai-je d'un air détaché.

Je voulais savoir s'il était responsable de mon accident.

– On n'a rien pu p... prouver contre lui. Tu te souviens, ce jour-là, un tas de types étaient montés dans les... les haubans, justement pour contrôler les poulies... Personne n'a avoué, même pas une ma... maladresse. Je... je suis sûr que quelqu'un a vu quelque chose... Mais les matelots se tiennent entre eux. Ils... ils ne dénonceront pas un camarade !

– Je me méfie de Bart. C'est un hypocrite.
D'ailleurs, il me déteste.

– Avant, je trou... trouvais aussi que
cccc'était un sale type! Maintenant, euh,
comment dire... il ne me dérange plus!
avoua Simon.

– Pourquoi?

– Il a changé... Tu verras...
Et, passant à un autre sujet :

– Tu sais, il y a de nouveau eu deux morts! Ils ont eu des
di... diarrhées! Et dans l'en... l'entrepont, maintenant, il
paraît qu'il y a des rats! Beaucoup de rats! La nuit, les
hommes ré... réussissent p... parfois à en tuer. Quand ils les
chassent dans le noir... ça fait un b... boucan terrible!

– Tu dors où, toi?

– Dans la ssssoute des voiles de re... rechange. Tu vois où?
À côté de la... sainte-barbe. C'est le lieu... lieutenant qui m'a
dit de m'installer là. Il est gentil, t... ton oncle.

Quinze jours plus tard, ma douleur avait assez diminué
pour me permettre de me rendre seul aux bouteilles.

Entre-temps, les alizés du sud-est étaient revenus et nous
voguions au plus près bâbord amures, toujours en direction
du sud.

*

Quand on vira vers l'est pour se rapprocher de la côte afri-
caine, j'étais presque guéri.

Je profitai du temps magnifique pour me promener sur le
gaillard d'arrière. Le marchand, M. Van Rossum, m'intriguait.
Il passait des heures à calculer. Je le voyais additionner des
colonnes de chiffres et se réjouir des résultats qu'il obtenait.

– Tu te demandes ce que je fais ?

– Oui.

– Je compte les sous que je vais gagner grâce à mon port permis.

Ce charabia me dépassa. Il s'en aperçut et se lança dans une longue explication :

– Quand un bateau de la Compagnie part, il emporte dans ses flancs de la marchandise qu'il vendra en Afrique, ou en Asie, selon sa destination. Avec l'argent gagné, d'autres marchandises seront acquises qui, à leur tour, rapporteront de l'argent, quand elles seront revendues en Hollande... Tu suis ?

– Oui.

– Pour ce trafic, la Compagnie débloque de gros montants, mais les officiers et les marchands peuvent aussi investir leur argent. Si le bénéfice est important, chacun y gagne au prorata de la somme déposée. Quand on a de la chance, on double, on triple et il arrive même qu'on décuple la mise ! Tu saisis ? Le port permis est donc un droit, accordé par la Compagnie, de participer à l'opération financière réalisée lors du voyage aller et retour d'un navire. Grâce à ce système, certains officiers ont réussi à amasser de petites fortunes !

– Voilà qui m'intéresse ! m'écriai-je, assez excité. Quand j'aurai des sous, je vous demanderai conseil !

– Je t'aiderai volontiers, si je suis encore de ce monde, répondit-il avec un sourire moqueur.

– Pourquoi dites-vous ça ? Vous êtes malade ?

– Dieu merci, non ! Mais toi, combien de décennies te faudra-t-il pour réaliser des économies ?

Il eut un rire méprisant. Je m'éloignai en jurant que je ne lui parlerais plus.

Comme je me posais encore beaucoup de questions, je décidai de m'adresser à M. Anthony.  Bien que plus riche que le marchand, le subrécargue paraissait plus aimable.

– Quel genre de marchandises transportons-nous sur ce bateau ? demandai-je après l'avoir salué.

Il releva ses sourcils broussailleux pour me répondre :

– Nous recevons en général des commandes. Les Hollandais qui résident au Cap ou à Batavia ont besoin de métaux, de fusils, de clous, de vins, de farine de blé et de vêtements. Me croiras-tu si je te dis qu'une partie de Batavia a été construite avec des pierres apportées de Hollande dans les cales des bateaux ?

– Des pierres ?

– Oui, pour lester les navires qui à vide ne tiendraient pas la route. Les Hollandais disent qu'à Batavia, ils ne souffrent pas du mal du pays parce que les fondations de leurs habitations sont en pierres néerlandaises !

Il sourit et je me demandai s'il me faisait marcher.

– Et qu'apportons-nous aux Chinois ?

– De l'argent sous forme de lingots ou de piastres. Ils en font une grande consommation pour battre monnaie. Tu t'intéresses au commerce ? Que veux-tu faire plus tard ?

– Je ne sais pas encore. Mais j'aime bien comprendre ce qui se passe.

Le soir même, il répéta nos propos à mon oncle :

– Votre neveu a de l'avenir, conclut-il. Il est intelligent.

Je fis semblant de n'avoir pas entendu.

*

Dans notre cabine, j'interrogeai mon oncle :

 – Est-ce que vous profitez aussi des avantages du port permis ?

Sans marquer de surprise, il me répondit :

– Oui. Je t'avouerai même que cette fois, j'ai misé gros. J'ai fait un emprunt pour augmenter mes chances de gagner une belle somme. J'aimerais avoir les moyens, quand nous rentrerons, d'ouvrir la boutique dont nous avons parlé avec ta mère. Je voudrais aussi acheter une maison... Je ne naviguerai pas toute la vie alors, il faut que je sois prévoyant. Garde ces confidences pour toi !

– Avez-vous de la pacotille dans ces coffres ? demandai-je sans penser une seconde que je frisais l'indiscrétion. Les marins ne parlent que des bonnes occasions qui se présentent à chaque escale. M. Van Rossum passe des heures à calculer ses futurs gains.

Je n'avais jamais abordé de pareilles questions avec mon oncle. Il aurait pu me dire de me mêler de mes affaires. Il ne le fit pas, et sa réponse me prouva qu'il avait confiance en moi :

– Dans ces coffres, j'ai quelques bouteilles qui seront certainement appréciées au Cap, mais, comme tu l'as remarqué, j'ai surtout des livres. À Batavia, je les négocierai sans difficulté. Il faut donc que tu te dépêches de les lire ! Dormons maintenant parce qu'il se fait tard. Nous ne sommes plus très loin de la terre ferme. C'est heureux. L'équipage a besoin de repos et d'une meilleure nourriture.

*

Depuis quelques jours, il faisait beaucoup plus frais. La violence des rafales obligea même les gabiers à ferler une partie des voiles. Nous virions de bord très souvent et les coups de sifflet d'Urbanus striaient l'air.

Bientôt la houle devint impressionnante. Je n'avais jamais vu d'aussi grosses vagues et, quand nous étions dans le creux, je retenais mon souffle en me demandant si nous allions être engloutis par la prochaine montagne d'eau qui nous arrivait dessus.  Je m'agrippais à tout ce qui se présentait pour ne pas perdre l'équilibre.

Un matin, quelqu'un cria :

– Baleine à bâbord !

Je la vis remonter le long du *Standvastigheid*. Elle était plus longue que notre coque. Sa peau était couverte de bernacles. Elle cracha un jet d'eau comme pour nous saluer avant de s'enfoncer dans les profondeurs.

Dans le ciel brumeux, des nuées d'oiseaux étaient le signe que nous approchions du rivage de l'Afrique.

Assis au pied du mât de misaine, un bonnet enfoncé sur la tête, le menton appuyé sur les genoux, Bart semblait somnoler. Je faillis ne pas le reconnaître. Un marin le rudoya parce qu'il gênait la manœuvre. Quand il se leva, son aspect me surprit tant que je ne le quittai plus des yeux.

Faible au point de chercher un appui pour se redresser, il avait beaucoup maigri. Son teint était pâle, avec deux plaques roses posées sur ses pommettes. Une quinte de toux le plia en deux. Chancelant, il fit quelques pas en balayant du regard le gaillard d'arrière. J'aurais juré qu'il m'avait vu mais il se détourna, et s'en alla.

Je m'étais souvent demandé ce que je ressentirais en le revoyant, et quel comportement j'adopterais. Son aspect lamentable atténua ma rancune et, comme il me fuyait, je n'eus pas l'occasion de lui parler.

 Le 109ᵉ jour, soit le 10 février 1751, nous atteignîmes le cap de Bonne-Espérance. Le capitaine était sur la dunette quand, à ses côtés, oncle Chris pointa du doigt deux rochers battus par les vagues.

– Le Soufflet, monsieur, annonça-t-il, et à côté, je reconnais l'Enclume. Compliments! On peut dire que vous nous avez dirigés avec précision!

Le capitaine eut un sourire de satisfaction.

On longea la côte à environ une lieue de distance.

Adriaan tira à blanc trois fois deux coups de canon, puis cinq d'affilée. Il m'avait prévenu que c'était là notre signal de reconnaissance pour que l'on sache, au Cap, que nous n'avions aucune mauvaise intention. Un guetteur, posté au sommet de la colline que nous allions contourner, surveillait, jour et nuit, l'arrivée des navires et des vaisseaux.

Nous entrâmes dans une passe au sud de l'île de Robben. Des phoques, qui faisaient penser de loin à de grosses limaces, s'agglutinaient sur les rives. Un petit groupe de manchots nageaient dans les vagues sans s'inquiéter de notre présence.

– Voici la montagne de la Table, m'indiqua M. Anthony. Le nuage qui la surplombe s'appelle la Nappe!

En face de nous, une haute muraille rectangulaire, taillée dans une roche sombre, dominait une plaine verdoyante qui descendait en pente douce jusqu'à la plage.

– Sur ta droite, la pointe que tu aperçois s'appelle la Tête de Lion.

J'admirai la côte sauvage. Après ce long voyage, je mourais d'envie de retrouver la terre ferme.

Les hommes carguèrent les voiles tandis que nous glissions à vitesse réduite vers le fond de la baie. Un fort en forme d'étoile  défendait le port. Il se prolongeait par une jetée.

Le *Vrijburg* était déjà là et son équipage nous salua bruyamment.

Dès que l'ancre fut jetée, le capitaine fit descendre la chaloupe à la mer et, accompagné de mon oncle, il se rendit auprès des autorités du port.

Chapitre 9

Le lendemain, M. Van Rossum, M. Anthony et une dizaine de malades dont Bart, qui gardait obstinément la tête baissée, prirent la chaloupe pour se rendre à terre.

– Où vont-ils ? demandai-je à mon oncle.

– Nos hôtes se rendent dans une auberge où ils se reposeront jusqu'à ce que nous appareillions. Les malades, eux, vont à l'hôpital.

– Et nous ? Nous ne descendons pas ?

– Pas tout de suite. J'ai du travail à bord.

– Et moi ? Je ne peux pas aller à terre ? insistai-je, déçu.

– Non. Pas sans moi.

– Pourquoi ?

 – Parce que je suis responsable de toi et que j'ai décidé que tu n'irais pas seul au Cap, répondit-il avec fermeté.

La colère m'envahit. Qu'est-ce qui lui prenait ? Ne voyait-il pas que je n'en pouvais plus de moisir, depuis presque quatre mois, sur ce navire ? J'avais besoin de me dégourdir les jambes, de voir de la végétation.

Je me rendis auprès d'Adriaan. Il était très occupé à vérifier ses sacs de salpêtre que l'humidité ne devait absolument pas attaquer sous peine de le rendre inutilisable pour bourrer les canons.

– Tu vas à terre ? lui demandai-je.

– Dans quelques jours... Rien ne presse. On reste ici plusieurs semaines.

– Tu m'emmèneras avec toi ?

– Si ton oncle le permet. Tu sais, Le Cap n'est pas une ville pour les gamins ! On y trouve surtout des tavernes à matelots !

Adriaan aussi me décevait ! Moi qui avais pensé que je pouvais compter sur lui ! De plus en plus contrarié, je le quittai pour aller me calmer au pied du grand mât. Le soleil qui brillait dans un ciel d'un bleu intense augmentait encore mon envie de débarquer.

– Écris une lettre à ta mère, me conseilla mon oncle. Quelques bateaux sont sur leur route de retour et je pourrai la leur confier.

– Je sais ce que j'ai à faire, répondis-je sèchement.

Je n'étais pas d'humeur à prendre la plume. D'ailleurs, sans en informer mon oncle, j'avais déjà rempli plus de six pages pour ma mère. C'était bien assez. L'envie de sortir de ce bateau m'obséda au point que je ne pensais plus qu'à ça !

On avait mis le canot et la chaloupe à l'eau. Ils sillonnaient la baie pour transporter des vivres et de l'eau. Je réfléchissais à la manière dont j'aurais pu m'y glisser sans être vu... Impossible ! Tout le monde me connaissait et si je désobéissais, je risquais d'être mis en cale.

Le capitaine et le premier lieutenant furent invités à dîner sur le *Vrijburg*, puis sur l'*Amstelveen* qui venait d'arriver. Ensuite, les officiers de ces deux bateaux furent à leur tour conviés chez nous. Tout ce beau monde allait, venait, se rendait librement à terre et rentrait souvent tard. L'équipage lui-même avait été divisé en deux bordées qui allaient à tour de rôle s'amuser au Cap.

Et pendant ce temps, celui dont le sort n'intéressait personne se morfondait seul dans un coin. Il versait des larmes de rage et n'en finissait pas de pester contre l'injustice dont il était victime !

*

Mon attente dura six jours.

Je maudissais mon oncle et, de nouveau, je refusais de lui parler. Il n'en tint aucun compte. À son habitude, il me traita normalement, se contentant juste de renoncer à nos lectures.

Un soir, enfin, il m'annonça :

– Je vais trier quelques livres que j'irai vendre demain. Tu pourras m'accompagner.

Il les empila sur le sol. Il y en avait plusieurs que je n'avais jamais feuilletés, tant ils me paraissaient rébarbatifs. Quand arriva le tour de *Robinson Crusoé*, il me demanda :

 – Celui-ci ? Tu l'as fini, n'est-ce pas ?
Je l'avais beaucoup aimé. C'était devenu
mon livre de chevet. Je n'avais pas envie de
m'en séparer.

– C'est mon préféré, avouai-je avec regret.
Oncle Chris leva la tête et caressa son collier de barbe roux.

– Eh bien, garde-le. Je te le donne.

Il me le tendit.

Malgré moi, je me sentis touché. Comment pouvais-je
m'emporter si facilement ? À croire que, plus il était gentil avec
moi, plus mon oncle m'énervait. J'en eu honte un court instant,
puis je détournai la tête et prononçai du ton désabusé :

– Vendez-le, je m'en fiche !

– Je le garderai jusqu'à Batavia. Ensuite, on verra, répondit-il en mettant le livre de côté.

Il prépara un sac dans lequel il déposa quelques bouteilles
et des vêtements neufs.

– Tout ceci va faire des heureux, me confia-t-il. Je ne pense
pas que j'en retirerai beaucoup d'argent car, comme je me
connais, je vais surtout faire des cadeaux ! Je ne suis pas très
doué pour les affaires !

Le lendemain, il me demanda de rassembler mon linge sale
pour le donner à laver en ville et ensemble, nous descendîmes
dans la chaloupe. Je jubilais.

À cet instant, la grosse tête frisée de Simon apparut au-
dessus de la coupée :

– Et moi ? demanda-t-il.

– Viens ! l'invita oncle Chris.

Les matelots nous amenèrent à la jetée où ils débarquèrent
les colis. Deux d'entre eux s'en emparèrent.

– Nous allons à la pension des Roses, annonça mon oncle.

À la queue leu leu, nous empruntâmes le chemin de terre battue qui montait vers la ville. Je tanguais comme si je marchais sur un radeau secoué par des vagues. Simon se mit à rire :

– C'est toujours comme ça, me rassura-t-il. On doit se réha... réhabituer au sol ferme !

Les premières baraques que nous longeâmes étaient des tavernes où matelots et soldats perdaient, en trois ou quatre soirées, une bonne partie de leur solde. Des Asiatiques au visage sombre et énigmatique en balayaient les seuils. On passa devant des magasins et des maisons blanches, bien entretenues, entourées de jardins. C'était là que vivaient une partie des colons, attirés par la douceur du climat et les possibilités de négoces qu'offraient les bateaux. Adriaan m'avait expliqué que de nombreux cultivateurs hollandais et français s'étaient octroyé des terres situées plus au nord pour y faire pousser du blé, des légumes et de la vigne.

Plus de vingt minutes nous furent nécessaires pour atteindre, sur le flanc de la colline du Signal, une maison au toit de chaume. Au milieu d'une jolie façade blanche s'ouvrait une grande porte en bois.

Mon oncle s'arrêta, épongea son front. De la pelouse bien tondue, je regardai la ville que nous dominions, son église, le château fort et la baie qui abritait une flotte venue d'Europe.

– Nous y sommes, dit oncle Chris aux matelots. Vous pouvez déposer le chargement ici. Je vous retrouverai sur la jetée vers six heures.

 C'était inespéré ! Une journée entière pour explorer cet endroit ! J'avais envie de descendre sur la plage pour voir les otaries de plus près.

Mon oncle frappa à la porte. On entendit une course de sabots et une jeune femme d'une vingtaine d'années nous ouvrit.

Blonde, avec de grands yeux rieurs et des joues rondes qui lui donnaient un air de poupée, elle n'était pas vraiment jolie, mais très vive.

– Christoffel ! cria-t-elle joyeusement en reconnaissant mon oncle. Je me demandais si vous alliez nous rendre visite ou si vous resteriez calfeutré dans votre bateau ?

– Voyons, Lisbeth ! Vous savez bien que je me réjouis toujours de vous revoir ! D'ailleurs, je vous apporte quelques trésors !

On entra dans une salle haute de plafond. Je fus étonné d'y découvrir M. Anthony, qui lisait son journal dans un fauteuil et M. Van Rossum, qui faisait une patience. J'allai les saluer.

– Vous séjournez ici ? demandai-je au subrécargue.

– Bien sûr. C'est la meilleure adresse de la région. Mlle Lisbeth est aux petits soins pour ses hôtes !

– Je déjeune avec ces deux mousses, annonça mon oncle à la jeune fille qui le regardait avec une admiration qui me parut exagérée.

– Je vais avertir la cuisine, répondit l'hôtelière en se précipitant au fond de la salle.

Mon oncle étala sur une console livres, bouteilles et vêtements. Lisbeth revint et poussa une série de petits cris pour marquer son contentement.

– Tout ça est magnifique ! Personne n'a aussi bon goût que vous, Christoffel. J'ai bien vendu les robes que vous avez apportées la fois passée. Je vous dois des sous.

Elle se tourna vers nous :

– Les garçons, allez vous promener au jardin ! Vous pourrez admirer mes roses, ce sont les plus belles du Cap ! Elles viennent de Hollande ! Ne vous éloignez pas trop et tâchez d'être de retour, à l'heure du repas !

La hâte qu'elle mettait à nous expédier me déplut. Simon continuait à la dévorer des yeux et mon oncle l'écoutait d'un air attendri qui frisait le ridicule. Qu'est-ce qu'ils lui trouvaient tous ?

Sans plus attendre, je sortis. Simon m'emboîta le pas. Je me plantai devant la plate-bande de Lisbeth :

– Franchement, j'ai vu mieux ! fis-je, dédaigneux.

– Viens, on court ! lança Simon.

– D'accord.

Je filai vers la brousse qui tapissait le socle de la montagne. L'air était tiède, léger, et dans le ciel, il n'y avait pas le moindre nuage.

Simon courait plus vite que moi. Le vent gonflait ses cheveux.

– Tu as une vraie meule de foin sur la tête ! Je parie qu'il y a des bestioles là-dedans !

Ignorant mes moqueries, il s'appuya sur un tronc épineux pour m'attendre. Quand j'arrivai à sa hauteur, il éclata de rire et repartit de plus belle. Nous étions l'un et l'autre si heureux de profiter du vaste espace qui s'offrait à nous.

Bien entendu, nous fûmes en retard pour le déjeuner.

 Plusieurs personnes entouraient mon oncle qui était d'excellente humeur. La discussion, menée par M. Anthony, tournait autour des améliorations à apporter pour une meilleure conservation de l'eau douce à bord.

Mlle Lisbeth, chargée de plats au contenu délicieux, voletait d'une table à l'autre.

Simon et moi fûmes expédiés à la cuisine où une Indienne nous servit du poulet au curry, des haricots et une salade de fruits.

– Si nous allions à l'hô... hôpital voir Bart ? proposa Simon en s'essuyant le menton du revers de la main.

– Pourquoi ? C'est pas mon ami...

Sans tenir compte de ma réticence, il demanda à la cuisinière où se trouvait l'hôpital. Les explications qu'elle fournit furent difficiles à comprendre car elle ne parlait que trois mots de néerlandais.

Simon s'éclipsa, je le suivis. Derrière le fort, déjà en pleine campagne, se dressait une longue maison construite sur un étage. Il ne nous fallut pas longtemps pour nous y rendre.

Quand je pénétrai dans une première chambre remplie de lits alignés, j'eus envie de vomir. Ça sentait aussi mauvais que dans l'entrepont du *Standvastigheid*.

Des hommes, débarqués des voiliers ancrés dans la baie, essayaient de guérir avant de poursuivre leur long périple. Quand ils étaient trop mal en point, ils restaient au Cap où ils attendaient leur rapatriement.

Simon et moi, nous les passâmes tous en revue. La bouche ouverte et les yeux révulsés, les uns semblaient sur le point de mourir. Les autres, brûlants de fièvre ou pâles comme des spectres, nous regardaient sans nous voir. J'en eus la chair de poule. Nous saluâmes ceux qui faisaient partie de notre équipage.  Dehors, assis sur un banc contre le mur de l'établissement, les plus valides se réchauffaient au soleil. Simon reconnut un dénommé Lambert. Il s'adressa à lui.

– Tu vas m… mieux ?

– Oui. C'était juste un début de scorbut. Le bon air du Cap me convient. Je serai en forme pour partir.

– Tu ne sais pas où est B… Bart ?

– Non. Je ne l'ai jamais vu ici. Il était malade ?

– Je c… crois que oui.

– Ben, il est peut-être au cimetière, juste derrière, dit l'homme avec un rictus qui exhiba ses gencives gonflées.

Simon m'obligea à lire les inscriptions de toutes les tombes et cela prit un bon moment. Des centaines de marins, affaiblis par des mois en mer, étaient morts sur cette pointe de l'Afrique ! Certains avaient mon âge, d'autres, à peine plus.

En tout cas, le nom de Bart n'y figurait pas.

Nous reprîmes le chemin de la pension des Roses où nous retrouvâmes oncle Chris en train d'organiser une journée particulière pour les mousses des trois navires hollandais. Il commandait à Lisbeth un repas pour neuf personnes.

– Je vais réfléchir au menu, mais laissez-moi deux jours pour me retourner !

– Bien entendu. Alors, à dans deux jours, belle enfant !

Cette appellation la ravit au point qu'elle laissa échapper un petit rire de gorge.

 Deux jours plus tard, une chaloupe de l'*Amstelveen*, qui s'était d'abord arrêtée près du *Vrijburg*, vint nous prendre, oncle Chris, Simon et moi.

– C'est la récréation prévue pour les moussaillons ? demanda le capitaine en nous voyant rassemblés sur le pont.

– Eh oui, répondit mon oncle. Il faut bien que les jeunes se distraient un peu.

– Ma femme appréciera quand je lui raconterai ça. Habituellement, personne ne se soucie d'eux !

Nous nous retrouvâmes avec six autres mousses, trois par navire. Certains avaient de bonnes têtes, d'autres des regards sournois.

Ce fut Lisbeth qui nous reçut. Quand elle se rendit à la cuisine, mon oncle nous raconta qu'il la connaissait depuis qu'elle avait quinze ans.

– Ses parents dirigeaient la pension. Malheureusement, ils sont morts. Lisbeth a repris l'affaire. Je l'admire car elle n'est pas bien vieille !

Il n'avait pas terminé sa phrase qu'elle réapparaissait avec un rôti d'antilope, aussi tendre que du veau, accompagné de légumes braisés. Je fus forcé de reconnaître que le pain frais, la corbeille de pommes et de raisin, tout était vraiment délicieux.

La timidité des mousses s'envola comme par enchantement et leurs langues se délièrent.

Après le repas, je demandai à oncle Chris la permission de les emmener à la plage. Je les conduisis en ville jusqu'à la place de la Parade. De là, je longeai le mur, derrière le fort et, toujours à la tête de la troupe, je gagnai le bord de mer.

Un petit groupe d'otaries se reposait au soleil. Assis non loin d'elles, un garçon les observait sans bouger. Comme nous approchions, il nous fit signe de ne pas faire de bruit.

Je reconnus Bart. Que faisait-il, seul, sur cette longue plage blanche du bout du monde ?

– C'est un mousse du *Stand*, expliqua Simon à nos camarades. On ne l'aime p... pas. Il est f... fourbe. Il a cassé les côtes de Jan !

Cette phrase déclencha un grommellement hostile. Bart sentit venir le vent car il se leva. Il me sembla qu'il allait tout à fait bien, maintenant.

Près de lui, un garçon du *Vrijburg* aperçut un panier. Il s'en saisit :

– C'est pour les phoques ?

Plongeant la main, il en sortit des œufs, du pain, une cuisse de poulet et une orange qu'il jeta aux bêtes. Aucune d'elles ne parut intéressée par cette nourriture inhabituelle. Craintives, elles poussèrent des cris rauques et se rassemblèrent autour d'un mâle impressionnant. En quelques secondes, elles rampèrent en se dandinant sur le sable et se jetèrent à l'eau pour nous fuir. Leur odeur, salée et huileuse, resta un moment suspendue dans l'air.

– Vous leur avez fait peur ! nous reprocha Bart.

– Maintenant, c'est à toi d'avoir peur ! lançai-je, menaçant.

Nous nous jetâmes sur lui. Il tomba à la renverse.

– À la flotte ! À la flotte !

Il fut immobilisé et, en dépit de ses efforts pour se dégager, nous réussîmes à le tirer tout habillé dans l'océan glacé.

 Une vague lui recouvrit la tête. Il tenta de se redresser, mais deux assaillants le maintinrent fermement et il but un second bouillon. Le jeu se répéta jusqu'au moment où il cessa de résister, parce qu'il n'en avait plus la force ou tentait de nous le faire croire. Alors Simon, le moins féroce de nous tous, suggéra :

– On le s... sort et on le fi... fiche à p... poil !

Un grand rire salua cette idée. Bart fut extirpé de l'eau et ses vêtements lui furent arrachés. Comme il tremblait de froid en cherchant à reprendre son souffle, un petit mousse proposa de le frictionner avec les algues amoncelées le long de la falaise.

Bart se retrouva nu, plaqué sur le sable, livré à une bande de sauvages qui le frottèrent énergiquement avec des paquets de plantes visqueuses. Plus il hurlait, plus on riait.

Tout à coup, il se tut, comme résigné. Il avait fermé les yeux. Une expression de profonde détresse s'inscrivit sur ses traits. Je connaissais mal Bart. Qui se cachait derrière ce front bas, ce regard fuyant ? Un peu honteux, je lâchai prise.

– Ça suffira pour aujourd'hui, décrétai-je en tournant les talons. Venez !

Nous l'abandonnâmes à son sort pour retourner sur le plateau broussailleux qui entourait la ville.

Là, nous nous trouvâmes nez à nez avec une famille de singes.

– Des babouins ! cria Simon.

Les plus gros avaient des canines impressionnantes. Ils relevèrent leurs babines pour bien nous faire comprendre que nous avions intérêt à garder nos distances. Les petits cou-

raient dans tous les sens, grimpaient sur le
dos des adultes ou s'accrochaient au ventre
de leur mère. Leurs farces nous amusèrent
un moment.

J'en oubliai presque Bart. Ce fut Simon,
qui sur le chemin du retour, m'y fit penser :

– J'espère qu'il n'ira pas se pl... plaindre à M. Arnold !

– On dira qu'il ment ! Vous entendez, les gars ? On n'a rencontré personne du nom de Bart ! proclamai-je à la ronde.

– On a seulement croisé des singes, renchérit un garçon en
se grattant sous les bras pour les imiter.

Oncle Chris raccompagna tout le monde. Les mousses le
remercièrent beaucoup avant de monter sur leur bateau
respectif.

– De bons enfants, remarqua mon oncle. Ils méritaient ce
moment de détente.

Chapitre 10

Oncle Chris se rendit quotidiennement en ville pour ses affaires. La plupart de ses rendez-vous avaient lieu à la pension des Roses.

Il me permit presque toujours de l'accompagner. Il commençait par me faire répéter, sur une table de la pension, mon vocabulaire d'anglais, puis il me laissait filer. Ainsi, il pouvait bavarder en paix avec sa Lisbeth.

Un matin, dans une clairière au pied de la montagne, je passais devant d'épais buissons quand soudain, trois indigènes, à peine plus grands que moi, m'entourèrent. Affolé, je réprimai un cri et m'arrêtai net.

Le capitaine Morel avait dit :

 – On les appelle les Bochimans. Méfiez-vous d'eux et évitez-les. En principe, ils ne viennent pas en ville. Les premiers colons ont planté une grande haie d'épineux pour leur indiquer la frontière qu'ils ne doivent pas dépasser.

Comme moi, les indigènes s'immobilisèrent. Ils ne manifestèrent pas d'agressivité, ce qui me rassura. Je les examinai avec curiosité.

Leur peau avait la couleur du caramel et leurs têtes, plutôt petites, étaient couvertes de cheveux crépus, coupés court. Leurs vêtements avaient été taillés dans des peaux de bêtes. L'un d'eux portait un arc et un carquois de flèches, l'autre s'appuyait sur une lance. Le dernier n'avait pas d'arme. Mes yeux s'arrêtèrent sur sa poitrine. C'était une fille.

Je n'avais jamais vu de seins nus. Quel choc ! J'en avalai ma salive.

Les garçons discutèrent entre eux, puis s'amusèrent à m'ébouriffer en poussant de petits cris aigus. Je les laissai faire pour ne pas les fâcher.

Ils engagèrent la fille à les imiter. Elle allongea son bras pour attraper l'une de mes mèches. Je l'intimidais parce que, très vite, elle se détourna. C'est alors que j'aperçus ses fesses. Elles étaient si rebondies qu'elles formaient une sorte d'étagère sur laquelle on aurait pu poser un sac. J'étais médusé. Comment imaginer quelque chose de plus laid, de plus comique, que cet énorme derrière ?

Après quelques instants, ils me quittèrent en parlant fort et en riant aux éclats.

*

Un autre matin, je tombai sur un immense jardin qui s'étendait derrière la ville.  Je ne pus m'empêcher d'y entrer et, au milieu de plates-bandes de légumes parfaitement alignées, je me retrouvai nez à nez avec Bart qui dessinait, couché dans l'herbe.

– Qu'est-ce que tu fiches ici ? me demanda-t-il en cachant son papier.

– Et toi ?

Il s'assit et m'observa de la tête aux pieds avec un drôle d'air.

– Je loge ici.

– Ah ! Et pourquoi ?

– T'es bien curieux !

– Tu n'es pas obligé de me répondre si ça t'ennuie.

– Je sais, rétorqua-t-il. Tu es seul ?

– Je suis seul, avouai-je légèrement méfiant.

– Assieds-toi et parlons, m'invita-t-il.

J'obéis.

Il réfléchit un instant. Ses petits yeux verts ne me disaient rien qui vaille.

– On m'a placé ici pour que je guérisse. Dans cet entrepont pourri, j'ai attrapé le scorbut et la toux. Par ta faute, bien sûr ! Avant ton arrivée, moi aussi je vivais à l'arrière du navire et je dormais près de la sainte-barbe. C'était nettement mieux !

– Je ne pouvais pas deviner qu'on me donnerait ta place ! Je n'étais jamais monté sur un bateau ! Je n'y connaissais rien ! D'ailleurs, j'ai été forcé de faire ce voyage !

– Par qui ?

– Par... les circonstances ! répondis-je évasivement.

Il resta silencieux, perdu dans ses pensées.

– Tu rentrerais en Hollande si t'avais le choix ? me demanda-t-il au bout d'un moment.

– Oh, oui ! Sans hésitation !

La spontanéité de ma réponse le surprit.

– Pourquoi ? T'es bien traité ?

– Oui... pas toujours... pas quand une poulie tombée du ciel m'enfonce la poitrine ! Et j'en ai assez d'être obligé d'obéir aux ordres d'un cinglé, et de voir, presque toutes les semaines, un cadavre jeté à la mer !

– Je te croyais moins sensible.

– Pourquoi ?

– Une impression que tu donnes, quand tu te pavanes comme un dindon sous la dunette !

– Pardon ?

– Tu t'vois pas ! Tu nous regardes de haut, comme si t'étais le patron !

Je me tus parce que je sentis que notre rivalité resurgissait. Je ne tenais pas à me faire aplatir si je me battais.

– Tu sais comment on t'appelle ?

Il ricana avant d'ajouter en observant ma réaction du coin de l'œil :

– On t'appelle P'tit Coq ! Du pont, quand on assiste aux gesticulations des officiers sur le gaillard d'arrière, on s'croirait au théâtre ! On vous a donné des surnoms !

– Ah bon ! dis-je, en jouant l'indifférent.

– Ton oncle, c'est Barbe-Rousse.

– Pas bien original !

Sans tenir compte de ma remarque, il se
mit à rire très fort.
– Et Frederik Helt a été rebaptisé Jolies
Fesses ! Nous avons eu le plaisir de les
admirer quand il s'est déguisé en danseuse,
le soir de Noël !
Je pensai à l'énorme derrière de la femme bochiman et je
me dis que celui de M. Helt n'était rien en comparaison. Pour
faire plaisir à Bart, je ris tout de même.
Une voix féminine qui se rapprochait interrompit notre
bavardage.
– Bart ! Bart ! Où êtes-vous ?
Je vis arriver une femme qui portait un tissu coloré drapé
autour de sa taille fine. Son corsage laissait ses bras nus. Elle
avait un visage brun foncé, des yeux bridés et un sourire
timide.
– Pardon, s'excusa-t-elle avec un accent prononcé. Je ne
savais pas que vous aviez de la compagnie. Votre repas est prêt.
– J'arrive, répondit Bart en se levant.
Il suivit la jeune femme et disparut avec elle dans une mai-
sonnette basse.
Je racontai à Simon cette rencontre inattendue.
– Il est installé dans une pension au milieu d'un jardin, et la
femme qui s'occupe de lui est très belle. Je me demande comment il a obtenu ce traitement de faveur ?
Simon éclata de rire.
– T'es jaloux ? La p... pension que tu as vue est une mai...
maison de jar... jardinier. Le g... grand po... potager ap...
appartient à la Compagnie. Il est cultivé par des es...

 esclaves : des Malais, des Indiens, des Ja...
Javanais.
– Des esclaves ? Tu es sûr de ça ?
– Ben oui. Ils ont été am... amenés ici pour
faire pousser ces lé... gumes et ces fr... fruits
dont les bateaux ont tant besoin.
– Ah, bon. Et Bart ? Qu'est-ce qu'il fiche là ?
– Je pense qu' qu'on l'a ins... installé là pour qu'il se re...
retape. Il n'est pas aussi malade qu'il qu'il...
– Qu'il aimerait le faire croire, dis-je en terminant sa
phrase à sa place.

*

Le lendemain déjà, je courais chez les Malais. Bart me faisait toujours un peu peur et pourtant, il m'attirait.
– Il est parti se promener, m'avertit sa logeuse.
Je me précipitai à la plage, mais ne l'y trouvai pas. Je
remontai à travers des pâturages en direction de la brousse.
Des nuées d'oiseaux volaient au-dessus de ma tête.
Après une bonne trotte, je m'assis sur un rocher et contem-
plai en rêvassant la montagne de la Table.
C'est à ce moment que je vis Bart, à peine plus loin, avec
son chevalet et ses crayons. Sans faire de bruit, je m'appro-
chai de lui et jetai un œil sur son dessin. Assez maladroite-
ment, il tentait de reproduire le paysage grandiose qui
s'offrait à lui.
– Salut !
Il sursauta, comme pris en faute.
– Encore toi ?
– Eh oui, encore moi ! Tu vas devoir me supporter ! Il nous
reste un bon bout de route à faire ensemble.

Il ferma un œil et, le bras tendu, mesura la montagne avec son crayon.

– Je pense pas aller en Chine, dit-il lentement. Je vais rentrer à Amsterdam sur le *Zeeland*.

– Qui a décidé ça ?

– M. Arnold, M. Delia et le capitaine Morel. Ils me trouvent pas assez bien.

– Qu'est-ce que c'est que cette histoire ? Tu vas très bien ! Je t'ai vu courir ! Moi aussi, dans ce cas, je vais demander à rentrer !

– On te le permettra pas. Moi, c'est différent puisque j'ai vraiment été malade.

– Tu es guéri !

– Écoute, mon cas te concerne pas. En revanche, si t'as aussi envie de rentrer, je peux t'aider mais... pas officiellement. Je peux te faire monter comme passager clandestin à bord du *Zeeland*.

– Tu plaisantes ? Je risque la bastonnade et même, la cale humide !

Simon m'avait expliqué que ce châtiment consistait à attacher le fautif par les pieds, à le pendre, la tête en bas, à l'extrémité d'une vergue et à le laisser tomber plusieurs fois de suite dans l'eau. Un supplice dont on ne ressortait pas toujours vivant !

– Tout dépend de toi, répondit Bart. Je peux organiser ta fuite, mais, si t'as peur, n'en parlons plus !

– Comment es-tu devenu le protégé du steward ? Je ne connais personne de plus sadique que lui, dis-je pour changer de sujet.

Il se rembrunit. Après un instant d'hésitation, il répondit en pesant ses mots :

 – Il s'est intéressé à moi le jour où je lui ai dit que je venais, comme lui, de Middle-burg... que, comme lui, j'étais orphelin... que j'avais été élevé par des paysans qui me battaient... et que ces paysans m'avaient vendu à un marchand d'âmes ! Depuis, il m'a à la bonne... mais c'est pas réciproque.

Atterré par ce que je venais d'entendre, j'insistai :

– Cette histoire est vraie ou tu l'as inventée ?

– Je t'explique comment j'ai attendri le père Arnold, alors tu me crois ou tu me crois pas, mais t'arrêtes de me poser des questions ! s'énerva-t-il.

Il rangea avec soin ses crayons dans une boîte.

– Je te plains d'avoir toujours ton oncle sur les talons !

– Pourquoi ? Il est plutôt gentil, mon oncle !

Il se releva, me regarda fixement :

– J'en sais rien. J'le connais pas assez. T'as pas l'air de l'adorer alors, je pensais que... Peut-être que je me trompe, peut-être que t'as plus de chance que moi...

– Que veux-tu dire ?

Il ouvrit la bouche, puis la referma, comme s'il s'apprêtait à me faire une confidence et que quelque chose l'en empêchait.

Tout à coup il se baissa, ramassa une pierre qu'il lança loin devant lui, en s'écriant avec une rage contenue :

– Je ne serai jamais l'esclave de personne ! Tu entends ? Jamais !

*

Une semaine s'écoula.

Dans les cales du *Standvastigheid*, on arrimait les nouvelles provisions de nourriture.

Adriaan avait rencontré au fort un soldat qui connaissait son frère. Il passait la plupart de ses soirées avec lui. Je ne lui dis rien de mes conversations avec Bart.  Je pensais qu'il valait mieux rester discret puisque je ne savais pas encore ce que j'allais faire. Oncle Chris, à qui j'avais déjà confié une lettre pour ma mère, me conseilla d'en écrire une autre.

– J'aurais encore le temps de la remettre au capitaine du *Zeeland* qui est sur son retour, m'assura-t-il.

– Mais j'ai déjà assez raconté de choses à ma mère. Je n'ai rien à ajouter, répondis-je, sans enthousiasme.

D'ailleurs était-ce la peine puisque je risquais d'arriver à Amsterdam, en même temps que ma lettre ?

Je préférai changer de sujet :

– Avez-vous acheté un peu de pacotille au Cap ?

– Non. Je compte sur Lisbeth pour rassembler ma provision de citrons.

– Vous aimez beaucoup Lisbeth ?

Cette fois, j'avais lâché la question qui me tourmentait. Nullement pris de court, le lieutenant répondit :

– C'est une brave fille qui fera son chemin. Elle est honnête et travailleuse.

– Vous devriez épouser une femme comme elle. Je suis sûr qu'elle vous rendrait très heureux.

Le rire d'oncle Chris dut s'entendre jusqu'au fond de la cale.

– Mais où vas-tu chercher de pareilles idées ? Lisbeth est très heureuse au Cap. J'espère qu'elle se mariera avec un colon de son âge. Moi, je compte bien finir mes jours en Hollande.

 Je me sentis un peu ridicule avec mes suspicions infondées. Les paroles de mon oncle me rassurèrent et, tout de suite, Lisbeth me parut moins agaçante.

En revanche, j'avais toujours de la peine à cerner Bart. À force de le questionner, je réussis à lui arracher quelques confidences. Ainsi, il m'avoua qu'il regrettait de n'avoir pas reçu d'éducation. Il aurait voulu devenir officier.

Depuis que nous avions abordé la question de mon éventuel retour, il revenait souvent sur le sujet.

– Si j'avais comme toi une gentille mère et une mignonne sœurette, je risquerais pas ma vie sur un navire. Je rentrerais chez moi. Tu me l'as dit, t'en veux à ton oncle de t'avoir entraîné dans cette galère ! Viens avec moi ! J'ai un très bon plan ! T'auras aucun problème, crois-moi !

– Comment vois-tu la chose ? demandai-je, appâté malgré moi.

– Le *Standvastigheid* et le *Zeeland* doivent partir à peu près le même jour. En tout cas, c'est ce que j'ai compris. La veille, tu pourrais venir à terre et, pendant que ton oncle dit au revoir à Lisbeth, tu t'enfuis. Tu te caches jusqu'à la nuit. Quand la chaloupe vient me prendre pour m'amener sur le *Zeeland*, tu m'accompagnes. Je te dissimule sous les bagages et je soudoie les marins. Je les connais... Je suis sûr qu'ils feront pas d'histoires. Une fois à bord, tu te montres pas jusqu'à ce que nous soyons au large. À partir de là, tu seras en sécurité ! Tu vogueras vers ta maman chérie que tu retrouveras dans quatre mois, au lieu des douze à quinze auxquels tu peux encore t'attendre.

Le départ approchait. Sa proposition me tentait de plus en plus.  Après avoir adoré flâner autour de la ville du Cap, j'appréhendais de me retrouver à bord. Je n'avais pas envie d'attraper le scorbut. Je n'avais pas non plus envie d'affronter les tempêtes, incendies, attaques de pirates ou accidents... dont les récits d'oncle Chris regorgeaient. La perspective de subir à nouveau les insultes de M. Arnold et d'affronter d'interminables heures d'ennui achevait de me saper le moral.

Je savais qu'il était grave de déserter, mais je ne voulais pas non plus passer pour un froussard aux yeux de Bart. J'hésitais encore un peu, je disais tantôt oui, tantôt non, je discutais souvent avec lui. Il avait réponse à tout, il insistait, devenait de plus en plus pressant. Il finit par me convaincre et j'acceptai de suivre son plan.

*

Oncle Chris me prit avec lui pour une dernière visite à la pension des Roses. Pendant qu'il bavardait avec Lisbeth, je m'esquivai et courus vers la montagne de la Table. Je me cachai dans une sorte de caverne que Bart avait repérée.

Immobile, j'attendis la fin de l'après-midi.

Bart n'arrivait pas. Je m'inquiétai. Le souffle glacé du vent, qui provenait en droite ligne du pôle sud, me fit frissonner. Le soleil se coucha, la température baissa encore. J'avais oublié d'emporter une veste et maintenant je grelottais.

J'hésitai à sortir de mon trou, à rentrer à la pension. Je pouvais encore inventer n'importe quoi pour expliquer mon retard !

J'étais sur le point de quitter mon abri, quand, enfin, Bart surgit.

 – Vite, dit-il. Il va faire nuit. Mon bagage est sur l'embarcadère. Tout est prêt !

– Qu'a dit mon oncle ? Il est inquiet ? demandai-je, une boule dans l'estomac.

– Évidemment. Il a fait inspecter toutes les tavernes. Demain, il enverra une bordée pour te chercher. Mais c'est plus le moment de reculer !

À contrecœur, je le suivis. Mon envie d'évasion s'en était allée. Bart devina mon hésitation.

– T'es un minable, mon vieux. Tu sais pas ce que tu veux ! Tu joues les durs alors que t'es qu'une chiffe molle !

Vexé, je courus derrière lui. Au bord de l'eau, il me tendit un grand sac en toile de jute.

– Entre dedans, ordonna-t-il.

Je n'osai pas refuser.

– Bon, je vais te porter.

– Mais je suis bien trop lourd.

– Penses-tu ! Un nabot de ton espèce ! À partir de maintenant, tu la boucles. Compris ?

Il ferma le sac avec un bout de corde, puis il l'empoigna et le chargea sur son épaule. Arrivé à la jetée, il demanda où se trouvait son bagage. Quelqu'un lui répondit qu'il était en sûreté. Quelques minutes plus tard, je fus soulevé, puis déposé dans un canot.

Le sac sentait le moisi et je ne voyais rien. J'entendis seulement le bruit des rames qui tapaient la surface de l'eau. La houle me roulait d'un côté à l'autre.

Quand nous atteignîmes l'échelle, Bart me prit à bras-le-corps pour me hisser sur le pont.

– Tu as eu raison de m'écouter ! me souffla-t-il. Tout marche comme sur des roulettes !

Après m'avoir tiré sur le pont, il me jeta dans un puits à voiles et referma l'écoutille. Je me retrouvai seul.

Je m'affolai. Combien de temps allais-je rester dans ce trou ?

La corde qui fermait le sac s'était dénouée. Je me libérai et m'allongeai sur le tas de voiles. Les remords me rongeaient. Jamais je n'aurais dû écouter Bart ! J'étais furieux contre moi. Je versai quelques larmes de dépit avant de m'endormir.

Quand, au matin, une main souleva l'écoutille, je me réveillai en sursaut.

– Il est là, monsieur, dit la voix de Bart. Il était un peu soûl quand nous sommes rentrés... Il voulait pas se montrer dans cet état, alors il s'est caché ici !

– Quel bandit ! Fais-le sortir de ce puits !

J'étais abasourdi. Où étais-je ? Bart descendit vers moi.

– Lève-toi, chuchota-t-il en me secouant. Dépêche-toi !

Et, en parlant plus fort, il ajouta, moqueur :

– As-tu fait de beaux rêves ? Debout, mon vieux. On lève l'ancre. M. Arnold t'attend dans la cambuse !

Je n'en croyais pas mes oreilles. J'étais sur le *Standvastigheid*. J'éprouvai à la fois un immense soulagement et une terrible honte.

M'extrayant de ma cachette, je surgis au milieu d'un cercle composé d'Urbanus, de Bart et de trois matelots. Ils me toisaient avec des sourires entendus qui en disaient long sur le

rôle qu'ils avaient joué dans cette affaire. Mon oncle m'accueillit avec une gentillesse qui me mit mal à l'aise. J'avais bien conscience que je ne la méritais pas.

– Si Bart ne m'avait pas dit que vous aviez fêté ensemble votre dernière soirée au Cap et que tu avais un peu trop bu, je n'aurais pas dormi de la nuit. Enfin, te voilà. Nous pouvons partir. À vos postes, les gars !

Un applaudissement retentit. Je me sentis rougir, je baissai la tête. Urbanus me prit par le bras :

– Une bêtise qui finit bien ! Il est temps que tu mûrisses, garnement ! Allez, ouste ! Au travail !

Je ne me le fis pas dire deux fois !

Le *Standvastigheid* quitta Le Cap par une belle journée de mars.

Les marins chantaient en hissant les voiles et des myriades d'oiseaux tournoyaient dans le ciel. Le *Vrijburg* et l'*Amstelveen* nous suivaient à quelques encablures. À la sortie de la baie, Adriaan tira une dizaine de coups de canon pour prendre congé de la garnison du fort.

Chapitre 11

Il y eut un changement dans l'organisation de nos tâches parce que M. Arnold exigea que l'entretien des cabines des officiers soit confié à Bart. Le capitaine céda. Bart revint donc travailler avec nous, et il s'installa près de la cambuse pour dormir. Cette amélioration de son sort n'eut pas l'air de l'enchanter, ce qui m'étonna, car je croyais qu'il m'en voulait toujours d'avoir pris sa place.

En revanche, M. Arnold ne cacha pas sa satisfaction. Pour une fois, il me parut plus détendu, presque content. Il redoubla d'attention à l'égard du capitaine.

Maintenant, la seule présence de Bart me gênait.

Il m'avait ridiculisé et j'étais partagé entre honte et rancune. Je l'évitai. Il n'en tint pas compte. Quand je me trouvais

 près de lui, il me parlait comme s'il ne s'était rien passé. Par instants, je voyais poindre une lueur ironique dans ses yeux. Elle me prouvait qu'il n'avait pas oublié et qu'il me tenait. Si je le contrariais, il raconterait tout à mon oncle !

Pour alléger ma conscience, je me confiai à Adriaan.

– Tu as voulu déserter ! s'exclama-t-il, choqué.

– Bart m'y a poussé, répondis-je lâchement. Je me demande pourquoi ?

– Pour se venger de la baignade que tu lui as infligée, pardi !

– Mais c'est lui qui, avec sa poulie, m'a attaqué en premier !

– Ça n'a pas été prouvé… Il n'a donc pas admis que les mousses et toi, vous lui tombiez dessus. Vous l'avez humilié inutilement. Maintenant que vous avez réglé vos comptes, Bart et toi, vous devriez vous tenir tranquilles. Ce serait une bonne chose ! trancha Adriaan d'un ton sec.

Je ne répondis rien, mais je regrettai d'avoir été trop bavard.

Sur le pont, oncle Chris m'arrêta :

– À ton avis, quelle est notre allure ?

– Allure portante, vent de travers, bâbord amures.

– C'est bien, approuva-t-il, satisfait.

Que croyait-il ? Je n'étais pas complètement borné !

La nuit, le capitaine diminuait la toile pour éviter les mauvaises surprises. Le timonier mesurait régulièrement notre vitesse avec le loch. Au milieu de la journée, oncle Chris visait le soleil avec son octant et pointait avec le capitaine notre position sur la carte.

*

Bart avait décidé d'apprendre à Simon à grimper sur la hune. Simon détestait cet exercice, il avait le vertige.  Arrivé à mi-hauteur, il se mettait à trembler, pleurnichait et implorait la permission de regagner le pont. Quand nous étions secoués par la houle, je parvenais tout juste à atteindre la première plate-forme. Je me rendais compte qu'être vigie sur le nid-de-pie demandait un sacré courage. Le balancement, en haut du mât, était si prononcé qu'on risquait à chaque instant une chute fatale.

Bart était maître en acrobatie. Il avait mis au point un petit numéro auquel j'assistais, en retenant mon souffle. Il commençait par grimper à toute allure dans les haubans, puis laissait pendre ses jambes dans le vide. Ses bras seuls supportaient le poids de son corps qui oscillait, à vingt pieds au-dessus du pont. Il attendait d'être applaudi pour reprendre sa course.

Arrivé sur la grande vergue, il se mettait debout. Il semblait défier la pesanteur. Je le regardais, paniqué à l'idée de le voir s'écraser sur le pont. Alors, il lâchait la balancine à laquelle il se tenait pour m'adresser un pied de nez. Ensuite, il s'accroupissait, attrapait un hauban et se laissait glisser sur le pont à une vitesse prodigieuse.

Le capitaine le surprit un jour. Il l'avertit.

– Tu es un bon équilibriste, mais fais attention ! J'ai connu des gabiers qui n'avaient peur de rien et qui ont quand même fini par se tuer !

Bart riait, fier de nous avoir éblouis avec ses prouesses. Pendant quelques secondes, une expression joyeuse remplaçait sa mine farouche, le rendait plus attirant.

*

Les moments les plus agréables étaient les soirées. L'équipage s'installait sur le pont et les gaillards pour profiter de la fraîcheur. Les uns jouaient aux cartes ou aux dés, les autres observaient les étoiles. Adriaan et l'enseigne écrivain, Johannes Hansz, connaissaient bien les constellations. Ils m'apprirent à repérer la Croix du Sud, quatre points brillants au milieu de la Voie lactée.

– Je ne vois pas la Grande Ourse, constatai-je.

– Forcément, grand dadais, répondit Adriaan. Nous sommes dans l'hémisphère austral. Ta Grande Ourse est dans l'hémisphère boréal.

On racontait des histoires de pirates et j'apprenais les noms de ceux qui avaient fait régner la terreur sur cet océan Indien où nous nous trouvions. Chacun y allait d'un récit effrayant, plus ou moins véridique. J'en eus des cauchemars la nuit.

*

Le temps nous paraissait long, si long. Le navire se traînait depuis une éternité, loin de toute terre habitée.

M. Delia annonça au capitaine que le scorbut réapparaissait. Les gencives des hommes commençaient à saigner. Morel eut l'air très ennuyé :

– Déjà ?

– Malheureusement, oui.

– Soignez-les, soignez-les ! ordonna le capitaine.

– Mais je ne fais que ça ! répondit le chirurgien.

Je passais de longues heures sur la galerie arrière. C'était mon refuge pour penser à ma mère, à ma sœur et à mes amis d'Amsterdam. Je contemplais le sillon que nous laissions der-

rière nous. Des quantités de bulles remon-
taient de la coque. Deux traînées blanches
se dessinaient sur la surface d'un bleu profond, elles s'élargissaient comme un chemin
qui m'invitait à marcher sur l'eau.
Une sorte de torpeur était tombée sur nous. Même le soleil
au zénith ne parvenait pas à nous tirer de notre somnolence.

*

Un jour, vers le milieu de l'après-midi, le vent fraîchit. Une
barre noire s'étendit à l'horizon.

Comme on pouvait s'y attendre, le grain qui fonçait sur
nous amena d'abord une grosse averse. L'équipage se précipita pour profiter de l'aubaine. Une foule d'hommes, nus et
hilares, envahirent le pont. Ils se savonnèrent et se frottèrent
mutuellement le dos. Leur toilette à peine terminée, un cra-
quement sinistre de la charpente se fit entendre. Le navire
nous avertissait qu'il était temps de regagner nos postes.

Et, d'un seul coup, la mer devint blanche, le vent se mit à
souffler avec une force que je n'aurais jamais imaginée. Les
vagues se creusèrent. De véritables déferlantes cognaient bruta-
lement nos flancs. L'une d'elles passa par-dessus le bastingage.

Urbanus me rendit une écope :

– Vide la chaloupe, m'ordonna-t-il.

Je me sentis petit, dans cette embarcation posée au milieu
du navire. Des éclairs sillonnaient le ciel et des coups de tonnerre m'éclataient aux oreilles.

Les hommes autour de moi couraient, criaient, montaient
dans les haubans pour ferler les voiles. Je les voyais, assis à
califourchon sur les vergues. N'avaient-ils pas peur d'accomplir leur tâche par un temps aussi exécrable ?

 Mes doigts engourdis serraient avec peine le manche de l'écope. Je me baissais, puis me relevais, pour jeter l'eau recueillie par-dessus bord.

La nuit tombait quand je sortis de la chaloupe. J'eus de la peine à me tenir debout tant le pont était glissant et instable. Une houle de fond, qui se heurtait aux déferlantes, nous infligeait des mouvements imprévisibles, saccadés. La coque, malmenée, se rebellait. Les voiles mouillées claquaient au vent et les mâts grinçaient de façon suspecte. Mon oncle avait pris la barre.

– Va te sécher, dit-il en m'apercevant. Et reste à l'abri !

Je m'apprêtais à lui obéir quand un matelot hurla :

– Un homme à la mer ! Un homme à la mer !

– Où çà ? demanda oncle Chris d'une voix blanche.

Aussitôt, une grande confusion régna. Urbanus appela le témoin pour plus d'explications.

– Il est tombé du mât !

– Quand ?

– Maintenant. J'ai entendu un plouf à bâbord !

– Mais tu l'as vu ?

– Il fait si sombre… Je suis pourtant certain !

Plusieurs matelots se penchèrent au-dessus du bastingage. Ils n'aperçurent rien d'autre que de l'écume sur la crête des vagues.

Urbanus revint près de la roue du gouvernail. Il était anxieux.

– Que décidez-vous ? demanda-t-il à mon oncle. On met en panne ? Je donne l'ordre de descendre la chaloupe ?

– C'est risqué avec de telles rafales… D'ailleurs, je crains que ça ne serve à rien. Où le chercher ? Sait-il seulement nager ? Allez avertir le capitaine !

Urbanus alla frapper à la porte de ce der-
nier. À ce moment, M. Arnold surgit et se
mit à crier :

– Lieutenant, c'est Bart qui est tombé à
l'eau. Il faut le secourir, vite ! Vite !

Il voulut attraper la roue pour changer de direction. Mon
oncle l'en empêcha :

– Je suis navré, mais je ne peux pas faire courir à tout le
monde un risque inutile. Vous savez bien que par tempête et
de nuit, nous n'avons aucune chance de le retrouver.

J'étais horrifié. Bart était en train de se noyer et nous conti-
nuions notre route sans lui porter secours. C'était trop affreux.

Le capitaine arriva, précédé d'Urbanus.

– Que faisait ce mousse dans les haubans par ce temps ?
demanda-t-il, furieux.

M. Arnold hurla pour couvrir le bruit de la tempête :

– Le lieutenant ne veut pas le sauver ! Il dit que ça ne vaut
même pas la peine d'essayer ! Je le ferai traduire en justice !

Une rafale de vent plus forte que les autres s'engouffra sous
la dunette, souleva le fauteuil en osier de M. Anthony et le
plaqua contre le mur.

– Le lieutenant a raison, monsieur Arnold. Aucune personne sensée ne mettrait la chaloupe à l'eau par une mer
aussi démontée. Je regrette ce qui est arrivé à Bart.

J'étais aussi bouleversé que le steward. Le froid et l'émotion me faisaient claquer des dents. Autour de moi, les
hommes arrondissaient le dos sous la pluie. À la roue, mon
oncle luttait pour maintenir le cap. L'effort physique l'aidait
à supporter ce coup du sort. Je savais que la décision qu'il
avait été forcé de prendre le torturait.

Le capitaine proposait une tournée de rhum quand Simon jaillit précipitamment de la cuisine :

– Bart est ici ! Il n'est pas tom… tombé à l'eau ! Il s'était mis à l'abri dans la c… cambuse !

– Mais alors, qui est tombé ? demanda le capitaine. Urbanus, recensez les marins et les soldats, s'il vous plaît !

Je me redressai, fou de joie. Bart était vivant. Ce fut comme si on nous enlevait à tous un énorme poids de la poitrine.

Incrédule, le steward, qui portait une lanterne à bout de bras, resta planté comme une statue sur le pont. À sa place, j'aurais été gêné de m'être montré aussi critique envers le premier lieutenant et je me serais excusé.

– Ne nous réjouissons pas avant d'être sûrs que personne ne s'est noyé, dit le capitaine.

La vérification prit du temps, mais Urbanus, aidé de quelques autres, parvint à nous rassurer.

– Hourra ! cria-t-il en remontant sur le gaillard d'arrière. Personne ne manque à l'appel !

Une clameur de satisfaction lui répondit.

Bart nous rejoignit sous la dunette. Il fut accueilli avec chaleur. Il joua l'étonné. Pourtant, j'aurais mis ma main au feu qu'il savait qu'on l'avait cru au fond de l'océan. Il esquissa un petit sourire de contentement quand les hommes l'encerclèrent pour lui serrer la main.

Le steward s'était mêlé aux autres, il ne cachait pas son soulagement. Il s'approcha de Bart, les bras ouverts, pour l'embrasser. Droit comme un I, son protégé se laissa faire sans réagir.

*

Durant la nuit, l'orage se calma et au
matin, le ciel était de nouveau au beau fixe.
Sur le pont, le capitaine examina l'horizon
avec sa longue-vue.

– Je ne vois plus nos navires, dit-il. On les
a perdus pendant le coup de vent !

– Je monte au nid-de-pie, annonça Bart.

Sans attendre l'agrément du capitaine, il grimpa jusqu'à la
seconde plate-forme.

– Je vois rien, cria-t-il en balayant l'horizon du regard. Ils
ont peut-être coulé !

– Nous les retrouverons à Batavia, marmonna le capitaine
pour lui-même.

Et, mettant ses mains en porte-voix, il lança :

– Descends, moussaillon ! Je vais ordonner la manœuvre.
Nous allons mettre le cap sur Java !

Chapitre 12

Le 6 juin 1751, soit trois mois après avoir quitté Le Cap, nous atteignîmes Batavia.

J'avais maintenant quinze ans.

Tout le monde se réjouissait d'arriver dans ce port de l'île de Java si important, sur la route des Indes. Une escale pour reprendre des forces et oublier nos misères s'avérait indispensable ; nous avions encore perdu quelques matelots emportés par des maladies. Comme les autres, ils avaient été ensevelis dans les flots.

Sous une chaleur oppressante, Batavia offrait aux navires un port en eau profonde avec deux très longues jetées. Le *Vrijburg* et l'*Amstelveen* nous attendaient à l'abri des îles qui protégeaient la baie. Fidèles à l'habitude, les équipages hollandais

 saluèrent notre arrivée à grands cris. Je reconnus dans les haubans les mousses qui s'étaient promenés avec moi au Cap et je répondis à leurs signes de bienvenue.

– M. Anthony nous offre l'hospitalité, m'avertit oncle Chris. Dès que j'aurai révisé le bateau avec les autorités locales, nous descendrons à terre. Tu verras, M. Anthony a une très belle maison, et chez lui, nous serons comme des coqs en pâte !

*

Le lendemain, Adriaan demanda à mon oncle la permission de me faire visiter la ville.

La chaloupe emprunta le canal qui traversait la cité.

– Tu ne trouves pas que Batavia ressemble à Amsterdam avec ses toits de tuiles, ses canaux et ses jardins ? demandai-je à Adriaan.

– Absolument. Et pourtant, je n'aimerais pas y vivre.

– Pourquoi ?

– Sale climat ! Trop chaud et trop humide. Ça sent mauvais à cause de la raffinerie de sucre et c'est plein de moustiques... Je me demande pourquoi mon frère a accepté d'être muté ici...

– Tu vas aller le voir ?

– Dès que possible. Je lui ai écrit pour lui annoncer mon arrivée mais je n'ai pas reçu de réponse. Il est vrai que nous sommes partis depuis si longtemps...

– Regarde ces fleurs ! m'écriai-je.

Je pointai des buissons couverts d'énormes corolles rouges avec de longs pistils.

– Elles sont plus belles que les roses de mam'zelle Lisbeth !

Adriaan se moqua de mon enthousiasme :
– Ce sont des hibiscus. Ils ne durent
qu'un jour et n'ont aucun parfum. Je leur
préfère les roses !

Nous étions parvenus au marché.

Sous des paillotes en raphia, des hommes, torse nu, ven-
daient du poisson, de la viande, du riz. Je m'arrêtai devant
des jarres débordantes de poudre jaune, brune ou ocre.

– Qu'est-ce que c'est ?

– Des épices. C'est pour elles que les premiers explorateurs
ont affronté les océans et les sauvages. Le gingembre, le
curry, le poivre, le piment, le safran, la cannelle, l'anis allaient
leur rapporter de l'or !

Une femme, un régime de bananes posé sur la tête, glissait
à travers la foule avec une démarche de reine. Sa peau brune
semblait huilée.

Je dévisageais les faces sombres, presque mystérieuses, qui
passaient à côté de moi sans paraître me voir.

Quelques Hollandais se mêlaient aux autochtones. Les
hommes dans leur redingote en laine, culotte épaisse et bas
de soie, les femmes dans leur robe de brocart qui balayait le
sol, tous mouraient de chaud. Des Javanais, en livrée de
domestique, couraient derrière leurs maîtres pour les abriter
sous de vastes ombrelles qu'ils tenaient à bout de bras.
J'éclatai de rire :

– Les Hollandais marchent à tout petits pas pour ne pas
dépasser l'ombre de leur parasol !

– Ils sont ridicules, admit Adriaan. Des marchands enrichis
qui se donnent des airs !

Je m'arrêtai devant un étalage de cages à oiseaux.

– Des perroquets ! Oncle Chris a promis d'en rapporter un à ma petite sœur. Il faudra que je lui montre ceux-ci !

Je rentrai de bonne humeur au bateau.

*

Deux jours plus tard, la chaloupe nous déposa, mon oncle et moi, devant la résidence de M. Anthony. Construite au bord du grand canal, elle était surmontée d'un fronton gris, en pierre sculptée. Un véritable palais.

Au centre du hall d'entrée, soutenu par quatre colonnes, une carpe en bronze crachait un filet d'eau dans un bassin rond. La totalité de notre maison à Amsterdam serait entrée sans difficulté dans cet espace !

M. Anthony et sa femme nous reçurent dans leur grand salon, éclairé par des fenêtres qui donnaient d'un côté sur le canal et de l'autre sur un jardin. Le sol était recouvert de faïences hollandaises. Des fauteuils en bois doré s'alignaient le long des murs tendus de soie rouge. Quelques portraits de personnages austères, étranglés dans leur fraise empesée, nous contemplaient avec sévérité. De nombreux plats de porcelaine de Chine encombraient tables et commodes.

– M. Anthony est un grand collectionneur d'art, me glissa oncle Chris à l'oreille.

– N'exagérons rien, répondit notre hôte qui l'avait entendu. Il y a à Batavia des demeures bien plus prestigieuses que la mienne.

Sa femme était aussi petite et boulotte que lui. Elle portait une perruque grise sous laquelle elle transpirait à grosses gouttes.

Son sourire glacial me fit comprendre que son mari avait dû insister pour qu'elle consentît à nous recevoir.

/ 150 /

Une foule de domestiques s'étaient déjà
emparés de notre coffre et le montaient à
l'étage.
Après un repas de fruits et de gâteaux
servi dans une salle à manger ovale,
Mme Van Grauw nous envoya faire une sieste dans nos
chambres. La mienne avait la taille d'une salle de bal. Au
centre trônait un lit immense surmonté d'un baldaquin
auquel était attachée une moustiquaire qui descendait
jusqu'à terre.

– Je n'ai jamais vu ça ! dis-je, ébloui.

Oncle Chris se mit à rire.

– Anthony Van Grauw est un homme généreux avec qui je
m'entends bien. Il n'admettrait pas que je loge ailleurs que
chez lui. Viens voir le cabinet de toilette ! Somptueux, comme
le reste !

– Le capitaine n'a pas été invité ? demandai-je.

– Il est hébergé chez le directeur de la Compagnie qui
occupe une résidence deux fois plus vaste que celle-ci !

– Vous auriez dû devenir subrécargue, oncle Chris ! Ce
métier rapporte plus que celui d'officier !

– Je ne cours pas après l'argent, Jan. J'aime ce que je fais et
je n'envie personne !

Un peu gêné, je me jetai sur mon lit qui rebondit mollement.

*

Pendant quelques jours, j'oubliai le *Standvastigheid*. Que
c'était bon de paresser sous les arbres du jardin en écrivant à
ma mère ou en lisant ! Quand le soleil tapait fort, je me réfugiais dans ma chambre pour rêver.

Oncle Chris sortait beaucoup.

 – Mais où allez-vous comme ça ? Vous ne vous reposez jamais ?

– Je ne peux pas abandonner notre navire… Et j'ai des réunions avec des hommes d'affaires, sans parler de toutes les réceptions auxquelles je suis invité.

– Vous aimez ça ?

– Pas vraiment, mais bon… Je ne veux pas passer pour un sauvage. Et je t'avoue que les petits dîners entre amis et les concerts donnés dans les jardins du palais ne me déplaisent pas. En revanche, je suis content de te savoir ici. La rue n'est pas toujours bien fréquentée, surtout la nuit.

Au début, je restais sagement à la maison.

Les domestiques me servaient un repas que je mangeais seul à la salle à manger. Ensuite, je demandais que l'on montât dans mon cabinet de toilette quelques brocs d'eau dont je m'aspergeais pour me rafraîchir. Quand je me couchais, je lisais un moment, puis je m'endormais, heureux de m'étirer sur mon grand matelas.

Après trois soirées de ce régime, j'eus envie, moi aussi, de me promener dans la ville dont la rumeur parvenait jusqu'à moi.

Sitôt mon repas avalé, je filai.

Je ne pouvais pas me perdre, je n'avais qu'à suivre le grand canal pour retrouver, d'un côté, le port ou de l'autre, la cité.

Vers sept heures, les rues et les avenues étaient encore bondées. Je cherchai à parler aux expatriés qui se promenaient, entourés de valets et d'esclaves. En arrivant à leur hauteur, je les saluai avec un grand sourire. Ils ne me regardaient même pas.

J'assistai à la dispute de deux couples : aucun n'acceptait de descendre du trottoir pour céder le passage à l'autre. J'eus honte pour eux.  Près des jetées, s'alignaient les tavernes.

Les marins, les soldats en escale et ceux de la garnison s'y donnaient rendez-vous pour boire, jusqu'à l'aube, des alcools qui les aidaient à tuer leur ennui, quand ils ne les tuaient pas eux-mêmes. Ils braillaient, se battaient, et certains s'effondraient sur le bord de la route où ils ronflaient, la bouche ouverte. Je changeais prudemment de trottoir quand je tombais sur l'un d'eux.

Comme je me rapprochais des quais dans l'espoir de croiser un visage connu, j'aperçus la chaloupe du *Standvastigheid* qui accostait. Le premier qui mit pied à terre fut Adriaan. Je me précipitai vers lui.

– Que fais-tu ici ? me demanda-t-il, surpris.

– Je te cherchais. Je m'ennuie sans toi.

Il me sourit, touché.

– Viens, dit-il. Je dois retrouver un ami de mon frère qui va me donner un remède pour Simon.

– Simon est malade ?

– Il a de la fièvre. Toute la journée, il a claqué des dents… Ce soir, il va un peu mieux. Il ne veut pas que ça se sache… Il a peur d'être envoyé à l'hôpital.

– Pauvre Simon. Je vais demander à oncle Chris s'il pourrait partager ma chambre chez M. Anthony.

– Bonne idée. En attendant, tâchons d'obtenir cette tisane chinoise que mon ami m'a recommandée.

– Tu as retrouvé ton frère ?

 – Il est mort, Jan. C'est arrivé il y a un mois. Quelle malchance ! Il paraît qu'il m'a attendu... Il a lutté pour tenir le coup jusqu'à nos retrouvailles ! Ma mère ne s'en remettra pas !

Il faisait trop sombre pour que je puisse voir son expression mais son ton trahissait sa douleur.

– C'est affreux..., dis-je en lui serrant la main. Je suis vraiment désolé...

Il vit que j'étais sincère et me remercia d'un hochement de tête.

*

Nous étions entrés dans des ruelles presque désertes. Après avoir franchi l'enceinte fortifiée de la ville, il fallut grimper sur une colline couverte de cabanes indigènes. La fumée de nombreux petits feux, allumés pour la cuisson du repas du soir, piquait les yeux. Des odeurs de sauces aux épices et de poisson grillé flottaient dans l'air.

Adriaan finit par repérer une baraque en bambou où son ami se réfugiait quand il ne supportait plus la caserne. Une famille javanaise en occupait la moitié.

Un grand blond, maigre comme un clou et pas très solide sur ses jambes, vint vers nous. Il tendit à Adriaan un petit sachet d'herbes.

– Tiens. Dès que la fièvre remonte, prépare une tisane pour ton malade. Si ton frère m'avait écouté, il serait encore là. Je sais de quoi je parle, parce que moi aussi j'ai été malade. Nos docteurs ne savent faire que des saignées et des lavements ! Les indigènes connaissent les maladies tropicales beaucoup mieux qu'eux !

Adriaan me ramena chez M. Anthony. J'espérais regagner ma chambre sans être vu, mais, dans le hall, je me heurtai à mon oncle et à M. et Mme Van Grauw qui venaient de rentrer.

– Tu es sorti seul ? demanda oncle Chris d'un ton de reproche.

– Non. J'étais avec Adriaan. Il est encore là...

M. Anthony ouvrit la porte pour s'en assurer.

– Adriaan, s'écria-t-il. Venez prendre un dernier verre avec nous.

Mon ami revint sur ses pas. Mon oncle sourit, rassuré.

– Je vous abandonne, messieurs, annonça Mme Van Grauw. Je vais me coucher.

Le grand salon impressionna Adriaan. Il examina à la dérobée la série des portraits et le mobilier doré.

Je choisis ce moment pour demander si Simon pouvait partager ma chambre. Je me gardai bien d'annoncer qu'il était malade. D'abord, M. Anthony se renfrogna, puis il haussa les épaules :

– Je ne veux pas que Simon s'installe dans ta chambre, Jan. Mais je peux le loger dans une chambre à l'arrière. J'en ai quelques-unes pour dépanner.

– Vous êtes trop bon, mon ami, s'empressa mon oncle. Simon n'a pas besoin de déménager, il est très bien sur le *Standvastigheid* !

Interloqué, je dévisageai mon oncle. Qu'est-ce qui lui prenait ? Heureusement, M. Anthony ne tint pas compte de sa remarque.

– Votre neveu a besoin d'un peu de compagnie et, d'après mon souvenir, ce Simon est un garçon correct. Vous nous l'amènerez demain matin, Adriaan.

J'adressai un sourire victorieux à mon ami, et montai me coucher.

– Je n'aurais jamais cru que tu parviendrais à tes fins, dit mon oncle en ouvrant la porte de sa chambre.

– M. Anthony est très content d'avoir de la compagnie ! répondis-je, sûr de moi.

– Quel enfant tu fais ! soupira mon oncle en disparaissant.

*

Adriaan réapparut le lendemain, tirant derrière lui un Simon dont la pâleur m'impressionna. Son air hébété risquait d'alarmer M. Anthony. Pourquoi ne se donnait-il pas la peine de sourire, de manifester un tant soit peu de reconnaissance au lieu de rester les bras ballants, sans desserrer les dents ?

M. Anthony ordonna à un domestique de le conduire à sa chambre où Adriaan et moi nous le rejoignîmes un moment plus tard.

Dans une cellule étroite qui donnait sur le jardin, Simon grelottait tant que, en dépit de la chaleur et de l'épaisse couverture qui l'enveloppait, son lit en était tout secoué. Adriaan se rua à la cuisine pour demander que l'on fasse bouillir de l'eau. Un cuisinier chinois nous l'apporta sur un plateau.

– *Verry verry good tea against fever**, approuva-t-il en regardant Adriaan préparer son infusion.

Grâce aux leçons d'oncle Chris, je compris ce qu'il disait.

– Ils ont un cuisinier chinois ! C'est surprenant, commenta Adriaan en obligeant Simon à boire.

– Pourquoi ? demandai-je.

* *Très très bon thé contre la fièvre.*

– Parce qu'il y a dix ans, les Européens ont massacré les Chinois qui vivaient à Batavia ! Ils leur reprochaient d'être devenus trop nombreux et d'occuper des fonctions de plus en plus importantes.

Adriaan nous livrait ces explications d'un ton qui en disait long sur ce qu'il en pensait.

– C'est ab... abominable, gémit Simon, entre deux gorgées péniblement avalées.

– Je ne te le fais pas dire, répondit Adriaan.

– Je pa... parlais de cette tisane. Elle est très a... amère.

– Ah... eh bien, vide quand même ta tasse.

Adriaan passa la journée au chevet de Simon.

– J'ai l'impression de soigner mon frère, m'avoua-t-il. Si j'étais arrivé à temps, il ne serait peut-être pas mort...

Ses yeux exprimaient un regret douloureux.

Simon se remit assez vite. La fièvre le quitta et il reprit des forces. Je me promenais avec lui dans le jardin, quand je ne suivais pas mon oncle au marché pour renouveler nos provisions de citrons.

*

Notre départ approchait.

Un après-midi, croyant que mon oncle faisait une sieste, je frappai à sa porte pour l'avertir que je voulais me rendre sur le *Standvastigheid* avec Simon. Il ne répondit pas, il avait dû sortir.

Je pénétrai dans sa chambre. Sur son bureau, je vis une plume et du papier couvert de sa petite écriture. Ce fut plus fort que moi... Je me penchai dessus.

*

Ma douce amie,
J'espère qu'en Chine, j'aurai le grand bon-
heur de vous lire. Vous ne quittez pas mes
pensées. Selon la réponse que vous me don-
nerez, je vous jure que ce voyage sera le der-
nier. *Nous avons trop de temps à rattraper pour...*

J'entendis un bruit de pas qui me fit sursauter, et je m'enfuis à toute allure.

Mes joues étaient en feu. À qui mon oncle destinait-il cette
lettre ? Était-ce à la femme qu'il avait aimée autrefois ?

Sans avoir réussi à satisfaire ma curiosité, je courrai chez
Simon.

Les cheveux en bataille, l'œil brillant, il posa un doigt sur
ses lèvres, puis, sans faire de bruit, il ouvrit un placard au
fond duquel je reconnus la tenture rouge du grand salon.

– Regarde ! J'ai découvert que je pouvais es-espionner les
conver... sations ! m'annonça-t-il d'un air réjoui. Ce soir, il y
aura une ré... réunion se... secrète avec le capi... capitaine
Morel, et d'autres... Viens me rejoindre... On écoutera tout !

Le soir venu, Simon barricada sa porte pour que nous ne
soyons pas dérangés, et, l'oreille collée contre la tenture de
soie, nous attendîmes.

Leur dîner terminé, ces messieurs s'installèrent au salon où
le subrécargue déboucha l'une de ses meilleures bouteilles.

– Venons-en au fait, dit le capitaine, qui semblait impatient.

Le directeur de la Compagnie répondit :

– Nous allons vous demander, Morel, de quitter le
Standvastigheid à Wampou, et de prendre le commandement
du *Geldermalsen*. Ce navire devrait arriver à Canton vers la fin

juin. Son capitaine, Huybert Thibaut, pren-
dra le commandement du *Standvastigheid*.
– Qu'en sera-t-il des équipages ? s'in-
forma mon oncle.
– Chaque équipage suivra son capitaine.
– Puis-je connaître la raison de cette décision ? demanda
Morel.
– Elle est secrète et je vous prie, messieurs, de faire en sorte
qu'elle le demeure.
À ces mots, Simon me saisit le bras.
Le directeur poursuivit :
– Nos trois navires apporteront en Chine pour environ
960 000 guilders de pièces et de barres d'argent et 800 000
guilders de marchandises. Une belle somme ! Elle va nous
permettre d'acheter d'importantes cargaisons de porcelaine
et de thé. Le *Standvastigheid* reviendra à Batavia. Le
Geldermalsen se verra confier une mission spéciale.
Je faillis hurler tant Simon me pinça fort.
– Quelle mission ? demanda Morel.
– Nous avons réussi à réunir un trésor en lingots d'or d'environ cinquante kilos. Vous savez que l'or est moins cher en
Asie. Nous en avons besoin pour financer nos achats en Inde
et pour payer nos garnisons.
Le capitaine opina :
– Je sais cela.
– On vous remettra donc, à Canton, une caisse que vous
entreposerez dans un endroit sûr. Vous recevrez des instruc-
tions pour un rendez-vous, dans le détroit de la Sonde, avec
un autre de nos navires. Vous lui remettrez l'or, en pleine mer,
et ensuite, vous cinglerez vers l'Afrique, puis, l'Europe.

Simon referma son placard en déclarant :
– Tu te rends compte ? On va trans... por-
ter un un trésor sur un bateau qui a déjà
su... subi une attaque de pirates ! Et il
il... y aura ce rendez-vous mysté... rieux !
C'est fantastique !
Il me prit les mains et se mit à sauter comme un fou.
– Tais-toi. Ils vont nous entendre !
– Mais non. J'ai bien refer... fermé la porte !
– En tout cas, on ferait mieux de se taire !
– On ne dira rien. Rien ! Parole d'ho... d'honneur !
Simon et moi, bien que simples mousses, nous étions main-
tenant au courant d'un secret d'une extrême importance.

*

Le lendemain déjà, je faillis tout trahir. J'étais au marché
avec oncle Chris que je conduisis à la paillote des perroquets.
– Ne pensez-vous pas qu'on devrait en acheter un pour
Dorith ? Je ne sais pas si on en vend en Chine et puisqu'on ne
reviendra pas à Batavia...
Comprenant ma gaffe, je me sentis rougir jusqu'à la racine des
cheveux. Heureusement, oncle Chris n'avait pas fait attention.
– C'est vrai qu'ici, il y a du choix. Es-tu prêt à voyager en
compagnie d'un oiseau ? me demanda-t-il.
– Oui, si vous, ça ne vous dérange pas. Je lui apprendrai
quelques phrases. Ma sœur aura une belle surprise quand il
lui dira « bonjour, Dorith ».
Oncle Chris se laissa convaincre.
– Lequel préfères-tu ?
J'admirai depuis un moment un superbe spécimen blanc
avec une crête jaune.

Le vendeur s'approcha de nous.

– C'est un cacatoès qui vient des Moluques,  nous renseigna-t-il en hollandais.

– Il parle ?

– Bien sûr.

Et voilà comment nous achetâmes « Java », ainsi nommé par le vendeur. Cette acquisition n'enthousiasma guère Mme Van Grauw qui me pria de laisser la cage sous la tonnelle en attendant notre départ.

Deux jours plus tard, après avoir remercié M. et Mme Van Grauw de leur hospitalité, nous regagnâmes le *Standvastigheid*. Je remarquai immédiatement que le *Vrijburg* et l'*Amstelveen* n'étaient plus au mouillage. Ils avaient pris de l'avance, ils voguaient déjà vers la Chine.

Bart vint admirer Java. Il lui tourna autour en débitant une litanie de jurons qu'il voulait lui apprendre. Comme tous les marins, il en connaissait un bout sur ce chapitre, mais il se retenait parce que les grossièretés n'étaient pas tolérées à bord.

– Arrête ! m'écriai-je. Ce perroquet est pour ma petite sœur ! Mais où étais-tu pendant cette escale ? Je ne t'ai pas vu.

– Je fréquente pas comme toi les quartiers chics ! persifla-t-il en tournant les talons.

Le 26 juin 1750, nous levions l'ancre pour Macao.

Chapitre 13

Atteindre Macao ne prit qu'un petit mois d'une navigation tranquille avec un vent régulier du sud-ouest. À cause de la mousson, nous essuyâmes quelques grains, mais pas de tourmente.

À tout bout de champ, j'allais voir mon perroquet et je lui répétais des phrases qu'il écoutait en penchant la tête et en m'examinant de son œil rond. Un jour enfin, il répéta : « Je m'appelle Java. » Au comble de la fierté, je courus annoncer la nouvelle à tout l'équipage.

Le 1er août, nous ancrâmes devant Macao. Parmi les bâtiments au mouillage, je ne vis ni le *Vrijburg*, ni l'*Amstelveen*.

– Ils sont déjà à Wampou, m'expliqua Johannes Hansz.

 – Pourquoi s'arrête-t-on ici au lieu d'aller, nous aussi, directement à Wampou ?

– Parce qu'avec les Chinois, rien n'est simple. On ne fait pas ce qu'on veut.

– Pourquoi s'obstine-t-on ?

– Tant que la Compagnie y gagne, on persévérera !

Seuls, le capitaine, mon oncle et Hansz descendirent à terre. De loin, la ville n'avait pas l'air très grande.

– Qu'avez-vous fait à Macao ? demandai-je à oncle Chris quand il remonta à bord.

– Nous avons annoncé notre arrivée aux autorités et demandé un permis et un pilote pour remonter la rivière.

En effet, le 6 août au matin, je vis arriver une demi-douzaine de sampans pleins de robustes gaillards. Ils portaient des tuniques en coton et de larges culottes froncées à la taille.

– Voici nos sauveurs ! s'exclama le capitaine en adressant un sourire de bienvenue au pilote qui, suivi d'un traducteur, monta à bord.

Sidéré, j'assistai au remorquage du *Standvastigheid* par les rameurs qui louvoyèrent avec habileté entre des îles du chenal. Postés à la proue, Simon, Bart et moi, nous ne perdîmes rien de notre lente avancée en terre chinoise.

Que j'étais content de parvenir enfin à la destination finale de notre voyage !

*

La petite île de Wampou, au milieu de la rivière des Perles, était située à trois lieues de Canton. Elle était réservée aux Français.

Nous ancrâmes à proximité de la grande terre sur laquelle s'alignaient quelques hangars et cabanes en bambou.

L'*Amstelveen* et le *Vrijburg* étaient, comme prévu, au mouillage. Les chaloupes, canots et sampans qui s'affairaient autour d'eux prouvaient que leur déchargement avait commencé.

Oncle Chris m'avait dit que le *Vrijburg* devait se hâter, car il repartait aussitôt livrer une cargaison de soierie à Surat. En plus de ces deux navires, je comptai avec Simon dix bâtiments anglais, deux français, un danois et deux suédois. Tous attendaient leur cargaison et ça faisait beaucoup de monde à l'entour.

Un bateau hollandais, que nous ne connaissions pas, était ancré non loin du nôtre : LE GELDERMALSEN.

Simon s'approcha de moi et me souffla :

– T'as vu ? C'est sur ce bateau qu'on ren... rentrera à à Amsterdam. Je me demande q... q... quand le capitaine annoncera ce ce changement !

Le *Geldermalsen* était moins imposant que le *Standvastigheid*. Une simple rangée de coquilles Saint-Jacques sculptées décorait les cinq fenêtres du château arrière et un grand lion en bois rouge en surmontait l'étrave.

– Il a l'air v... v... vieux, constata Simon en l'observant du haut de la hune où il osait maintenant grimper, quand nous étions au mouillage.

Je demandai à oncle Chris si je pouvais descendre à terre.

– Oh là là, pas si vite ! s'affola-t-il. Personne ne bouge avant l'arrivée des hannistes et du hopou !

– Des quoi ?

– Des marchands chinois et du grand intendant de la Province ! Ils font la loi ici ! D'ailleurs, on vient de me dire

que M. Arnold te cherche pour organiser la réception d'accueil!

Je rejoignis le steward, qui donnait des ordres dans la chambre du conseil.

Sur la table, Bart, appelé à la rescousse, alignait des verres et des bouteilles de vin sucré dont les Chinois raffolaient.

Un sampan se présenta bientôt, chargé de Cantonais au visage inexpressif. Dès que leur chef monta à bord, le capitaine et mon oncle se précipitèrent à sa rencontre pour l'entraîner vers la chambre du conseil où ils lui offrirent à boire. Ses accompagnateurs reçurent quelques bouteilles qu'ils acceptèrent comme un dû. Ils ne cillèrent même pas quand une cassette, pleine de piastres, leur fut remise.

– Ils pourraient dire merci, soufflai-je à Adriaan.

– Ce sont des malotrus… mais on dépend entièrement d'eux! Personne n'est autorisé à vendre ou à acheter quoi que ce soit en dehors d'eux. Ils nous surveillent nuit et jour, il faut leur graisser la patte et en plus, ils font payer très cher leurs services. Des parasites! J'admire les officiers qui doivent les supporter.

Adriaan avait perdu cette douceur qui me fascinait tant. Son ton était devenu plus cassant, ses critiques plus sévères.

– Tu détestes les Chinois? demandai-je, un peu étonné.

– Je n'aime pas les mandarins. On dit que les gens du peuple sont gentils mais nous n'avons pas le droit de les approcher! As-tu remarqué le type qui les suit? C'est le *lingua*, ou, si tu préfères, l'interprète. En réalité, c'est un espion… Quand un Européen se déplace, il ne le lâche pas d'une semelle.

Les Chinois restèrent trois heures à bord. Ils inspectèrent tout ce qui pouvait l'être, discutèrent entre eux, posèrent mille questions aux officiers, qui firent preuve d'une grande patience. Avant de remonter sur leur sampan, ils laissèrent à M. Arnold des provisions de confitures, de sucre candi et de fruits frais.

– Tu vois, dis-je à Adriaan, eux aussi nous font des cadeaux !

Adriaan me rit au nez.

– Pas du tout. Ils ont juste apporté ce qu'ils jugent nécessaire pour amadouer l'intendant de la Province qui viendra dans quelques jours. Ils connaissent ses goûts. Mais, ne t'inquiète pas, ce genre de service a aussi son tarif.

*

Le représentant de l'empereur s'annonça deux jours plus tard. Nous l'attendions avec impatience car nous manquions d'eau potable et nos malades nécessitaient des soins. Or, sans sa permission, nous ne pouvions rien faire.

La cérémonie, organisée en son honneur, agita tout le monde. Pour commencer, Adriaan fit tirer onze coups de canon assourdissants.

Ensuite, on vit arriver la galère du hopou qu'un dais en soie rouge protégeait du soleil. Une seconde galère suivait ; elle transportait deux bœufs et des sacs divers.

Aussitôt qu'il aperçut son hôte, le capitaine, vêtu de sa plus belle redingote, descendit dans le canot pour aller à sa rencontre. Ils se saluèrent respectueusement.

Le hopou portait une tunique brodée violette, et ses rares cheveux étaient retenus en une longue tresse grisâtre qui lui balayait le dos. Il n'adressa pas le moindre signe aux officiers qui s'inclinèrent sur son passage. Imperturbable, il plongea

 vers la table pour examiner les mets prépa-
rés à son intention. Dieu merci, la rangée de
pots de confitures sembla lui convenir!
M. Arnold en personne servit le thé. Bart,
Simon, deux autres matelots et moi for-
mions une haie d'honneur avec nos plateaux de rafraîchisse-
ments, de pâtisseries, friandises et fruits, qui pesaient des
tonnes.

Soudain, je réalisai que Simon avait une drôle de tête. Sa
tignasse crépue était emprisonnée sous un étrange casque
gris. Je me rapprochai pour l'examiner.

– Je te p… plais comme ça? me souffla-t-il à l'oreille. Tu la
reconnais? C'est la per… perruque de Mme Van Grauw.

J'eus du mal à ne pas éclater de rire.

Après la collation, le hopou s'installa sur un fauteuil, et le
capitaine, aidé de l'interprète, tenta de prolonger la conversation. Mais le hopou rota bruyamment et s'assoupit. C'était
l'heure de sa sieste.

Quand enfin il se réveilla, on lui offrit des lingots d'argent
que deux matelots descendirent dans son sampan.

Le capitaine et mon oncle s'étaient donné le mot : c'était à
qui ferait le plus de frais. Visiblement, ils s'amusaient car,
entre deux courbettes, ils nous adressaient des clins d'œil.

Pour ne pas être en reste, le hopou présenta ses cadeaux ;
quelques sacs de farine, de l'alcool, du riz et les deux bœufs
que j'avais vus dans la seconde galère. Les officiers et l'équipage se confondirent en remerciements.

Les bœufs ne furent pas hissés à bord, comme je l'espérais,
parce que ça aurait été assez cocasse : ils furent conduits dans
un hangar sur la rive.

Quand tout ce tralala d'échange de poli-
tesses prit fin, l'illustre fonctionnaire et sa
troupe se retirèrent. Ils nous avaient enfin
accordé le droit de fouler le sol de l'Empire
Céleste.

*

À peine avaient-ils tourné les talons que le capitaine, à
l'aide de son porte-voix, s'adressa à l'équipage réuni sur le
pont :
– Les gars, ironisa-t-il, il ne vous a probablement pas
échappé que nous sommes en Chine ! Ceux qui y sont déjà
venus connaissent la consigne : pas question de se promener
librement ! Interdiction aux matelots et aux soldats de se rendre
à Canton s'ils ne sont pas accompagnés d'un officier ! Vous
avez le choix entre dormir à bord ou, si ça vous chante, dans
nos hangars à terre. Des soldats armés les surveilleront. Évitez
les beuveries ! Ne vous battez pas entre vous, ni contre les
matelots d'autres nationalités ! Surtout, et j'insiste, respectez
les Chinois ! Tout manquement sera sévèrement puni ! Merci.
– Ça promet, commenta Bart. Pendant toute la mousson,
on sera coincés sur un minuscule bout de terre où y aura rien
à faire !
Pour moi, oncle Chris avait prévu de l'occupation. Dès le
lendemain, il me présenta deux maîtres. L'un était un matelot
hollandais qui devait m'apprendre à nager, et l'autre, un officier anglais qu'il engagea pour m'enseigner sa langue.
Ainsi, par n'importe quel temps, je me retrouvais dès
l'aube sur la rive.
Jörg, mon professeur, commença par jeter des pierres
devant lui, assez près du bord, et il me donna l'ordre d'aller

 les chercher. Peu à peu, je m'habituai à retenir mon souffle, à garder les yeux ouverts en plongeant. Il m'obligea à descendre de plus en plus profond. Quand il vit que je n'avais plus peur de l'eau, il me montra comment bouger mes bras et mes jambes pour avancer.

Bart voulut aussi apprendre à nager. Oncle Chris l'y autorisa. Du coup, Simon se joignit à nous. À partir de ce moment, les leçons devinrent beaucoup plus amusantes.

Mon professeur d'anglais venait l'après-midi. Nous passions une bonne heure à discuter de tout et de rien.

Bien entendu, M. Arnold se plaignit que je profitais d'un régime de faveur. Par politesse, mon oncle écouta ses protestations, mais n'en tint aucun compte.

Les sampans allaient et venaient, de Canton à nos navires, et vice versa. Je finis par reconnaître certains coolies que je voyais tous les jours. Moins impassibles qu'au début, ils répondaient à mon salut. Nos séances de natation les amusaient beaucoup.

Les corvées d'eau revenaient à l'équipage. Nous remontions la rivière aussi loin qu'il était permis, pour trouver de l'eau douce. On avait beau faire, à cause des marées, elle gardait un arrière-goût saumâtre.

J'attrapais la colique, je perdis du poids.

– Tu as beaucoup grandi, Jan, s'inquiéta mon oncle, mais tu es trop maigre ! Mange davantage !

Parce que j'étais à l'étroit dans mes vêtements, il décida de m'en commander. Il m'emmena à la factorerie, située sur le quai des Treize Comptoirs, au bord de la rivière des Perles. Un drapeau planté devant chacun des bâtiments à deux

étages, coiffés de toits à tuiles rondes, indiquait à quelle nation il appartenait.
C'est ainsi que, précédé de mon oncle, je
pénétrai dans le quartier général de nos
marchands. Immédiatement, un tailleur
arriva pour prendre mes mesures. Oncle Chris dessina un
costume, puis examina avec moi des échantillons de tissus.

– En général, ces gens sont habiles, me confia-t-il, mais ils
ont tendance à ajouter une touche chinoise à notre mode
européenne. J'espère que tu n'auras pas l'air déguisé !

– On verra bien, répondis-je, fataliste.

Sur sa lancée, oncle Chris m'offrit aussi un gilet en soie et
deux tuniques en coton pour remplacer mes chemises.

*

La mousson se déchaîna à la fin août. Après quelques jours
d'une chaleur presque insupportable, le ciel se couvrit et un violent orage éclata. Il plut pendant dix jours sans discontinuer.

Les rives devinrent si boueuses qu'il fut difficile de s'y aven-
turer. L'activité des sampans diminua. Le déchargement prit du
retard. Le capitaine, talonné par le calendrier, s'impatientait.

Un soir, le patron du *Geldermalsen* fut invité à bord. Après le
dîner, les deux capitaines prirent un café sur le gaillard d'arrière,
puis M. Morel s'adressa aux hommes avec son porte-voix :

– Messieurs, je vous présente le capitaine Huybert Thibaut.
Il va prendre le commandement du *Standvastigheid* qui rega-
gnera la Hollande, via Batavia et Le Cap.

Surpris, l'équipage ne broncha pas. Il attendait la suite.

– Vous me suivrez sur le *Geldermalsen*. Quand il aura reçu
sa cargaison, nous cinglerons directement sur Amsterdam,
avec une seule escale, au cap de Bonne-Espérance.

 À l'idée qu'ils rentreraient plus vite au pays, les hommes se réjouirent :

– Hourra !

– Nous nous installerons cette semaine déjà sur le *Geldermalsen*. Il a besoin d'une bonne remise en état. Je vous promets, les gars, que vous n'allez pas chômer !

Pour ça, on ne chôma pas. Notre seul déménagement dura deux jours.

Si l'équipage du *Geldermalsen* se réjouit de sa chance, celui du *Standvastigheid* découvrit qu'il perdait au change. On nous remit un navire sale et en mauvais état. Le capitaine Morel s'en inquiéta. Ses exigences mirent les hommes sous pression. Les mousses furent chargés de frotter la grande salle et de traquer, au fond des armoires, les colonies de cafards qui s'y étaient installées. La cambuse de l'état-major fut également passée au peigne fin. Le capitaine se heurtait tous les jours à de nouveaux problèmes. Il cachait de plus en plus mal sa déception.

Il eut de longs entretiens avec le capitaine Thibaut pour comprendre la raison de l'état lamentable du *Geldermalsen*.

– Nous n'avons jamais fait escale dans un endroit civilisé, expliqua M. Thibaut.

– Mais où sont les instruments de navigation ? Vous n'avez même pas de cartes à bord ! reprocha Morel.

– C'était déjà le cas quand on m'a confié le *Geldermalsen*. Je pense que vous devriez demander au *Vrijburg*, avant qu'il s'en aille, de vous fournir quelques instruments et surtout des vivres. Pour rentrer presque d'une traite, vous aurez besoin d'une grande quantité de nourriture !

– Sans parler de l'eau ! s'écria Morel. Les tonneaux sont dans un état déplorable. L'eau qu'ils contiennent est verte ! Il faut que je me procure des barriques neuves ! Tout cela ne se fera pas en un jour ! Or je veux absolument partir avant la fin de décembre. Après, le temps risque d'être exécrable au Cap !

– Je vous comprends bien, Morel. Nous sommes tous confrontés aux mêmes problèmes... Je ne vous cacherai pas que je suis fatigué et que j'ai décidé de prendre ma retraite !

Oncle Chris et le capitaine Morel coururent d'un navire à l'autre pour implorer de l'aide.

Le *Vrijburg* et l'*Amstelveen* nous cédèrent une partie de leurs réserves. Le maître tonnelier s'acharna à vider, nettoyer et remettre en état nos tonneaux.

*

Notre nouvelle cabine n'était pas aussi confortable que celle que nous avions sur le *Standvastigheid* : étroite, peinte en rouge, elle n'avait qu'une seule fenêtre à bâbord. Je pouvais à peine me glisser entre nos deux couchettes tant elles étaient rapprochées. Comme aucun anneau n'avait été prévu pour attacher les coffres, nos prédécesseurs ne s'étaient pas gênés pour enfoncer des clous dans le plancher et les parois. Il y avait des trous partout, et il fallait veiller, quand on était pieds nus, à ne pas marcher sur une pointe qui dépassait.

Oncle Chris ne se laissa pas démonter pour si peu.

– On supportera sans mal d'être un peu plus à l'étroit ! Où vas-tu installer Java ?

– Je vais suspendre sa cage au plafond.

 – Place-la près de la fenêtre pour qu'il ne se morfonde pas trop ! Quand l'un d'entre nous entrait dans la cabine, mon perroquet disait maintenant : « Bonjour, Dorith ». J'imaginais l'expression de ma sœur quand il la saluerait à la maison. L'accumulation des problèmes usait l'équipage. Les nerfs du capitaine étaient à vif. Il trouvait que personne n'en faisait jamais assez et le clamait haut et fort. À plusieurs reprises, son impatience le fit sortir de ses gonds. Le second lieutenant, Frederik Helt, s'en plaignit à mon oncle. J'admirais la diplomatie dont oncle Chris faisait preuve dans de tels cas. Il arrivait à calmer le jeu, sans jamais critiquer son capitaine.

*

L'un des pires motifs d'exaspération surgit quand, après le départ du *Vrijburg*, Urbanus découvrit que plusieurs matelots et soldats manquaient à l'appel. Cinq en tout.

– Ils nous ont faussé compagnie, constata-t-il, perplexe.

– Pas compliqué pour eux de se fondre dans l'équipage hollandais du *Vrijburg* ! remarqua Adriaan.

– Pourquoi désertent-ils, alors que nous sommes presque à la fin de notre voyage ? demandai-je, étonné.

– Morel ne les a pas ménagés ces derniers temps ! Ils en ont eu assez !

– Mais le *Vrijburg* va à Surat !

– Qui te dit que ces hommes voulaient rentrer au pays ? Difficile de deviner leurs motivations ! C'est tout de même bien ennuyeux ! Entre les décès, les malades que nous avons abandonnés au Cap et à Batavia, et en plus les déserteurs, nos effectifs ont diminué de manière préoccupante !

Chapitre 14

Quand M. Loofs, le directeur de la Compagnie, monta sur le
Geldermalsen en ce matin de septembre, je travaillais seul.
Simon avait été réquisitionné à la cuisine.

Tandis que je préparais sur un plateau des tasses à thé,
M. Loofs annonça au capitaine :

– Cinq des malades que vous avez confiés au chirurgien de
notre entrepôt sont morts. Pour ne pas porter un coup au
moral de vos hommes, nous les avons déjà enterrés ! Voici la
liste de leurs noms.

– Encore, soupira M. Morel. Mon équipage fond à vue
d'œil. Depuis quelque temps, j'ai l'impression qu'un mauvais
sort s'acharne contre moi !

 – Vos hommes étaient très mal en point en débarquant.

– Je sais, je sais, regretta le capitaine. Ce n'est la faute de personne mais j'en suis désolé. Tous ces pauvres gars !

– Où en est votre chargement ? demanda M. Loofs pour changer de sujet.

Mon oncle le renseigna :

– Nous avons reçu du bois tropical, que nous avons utilisé comme ballast, au fond des cales. Quelques caisses de porcelaines nous ont été livrées. Mais tout cela arrive au compte-gouttes. Je croyais que la marchandise était prête depuis longtemps !

– Surtout, ne nous accusez pas de négligence ! se rebiffa le directeur. Ce sont nos fournisseurs chinois qui se font tirer l'oreille !

– Je lèverai l'ancre au plus tard à la mi-décembre, annonça le capitaine d'un ton catégorique, et tant pis si je ne rapporte pas toute la cargaison ! Vous vous débrouillerez pour fourguer le reste ailleurs !

– Je n'aurai pas d'autre solution, reconnut M. Loofs. Autre chose… Vous savez que vous devez transporter une caissette de lingots ? ajouta-t-il en baissant la voix pour que je ne l'entende pas.

– Je suis au courant, assura le capitaine.

– Nous vous la livrerons peu avant votre départ. Disposez-vous d'un lieu sûr pour l'entreposer ?

– Oui. J'ai ma petite idée…

– Parfait ! approuva M. Loofs.

Je fis semblant de remplir une assiette de biscuits pour qu'ils croient que leur conversation me passait par-dessus la tête. Intérieurement, je regrettai que le capitaine ne se fût pas montré plus explicite. J'aurais voulu pouvoir annoncer à Simon que je connaissais la cachette du trésor.

– Et maintenant, dit le directeur en vidant sa tasse, voici la surprise que je gardais pour la fin. Je viens de recevoir pour vous un paquet de courrier qui a été lâché à Macao. Le voici !

Il sortit un sac en jute du panier qu'il avait apporté. Un sourire vint détendre le visage du capitaine.

– Voilà qui va réconcilier tout le monde avec la vie ! s'exclama-t-il. Pensez donc, le premier courrier que nous recevons depuis notre départ ! Merci.

*

À peine quelques minutes plus tard, les hommes, massés sur le pont, fixaient avec attention Urbanus qui lisait les noms des destinataires. Les plus timides restaient à l'écart. Ils ne tenaient pas à perdre la face s'ils n'étaient pas appelés. Certains prenaient un air détaché, comme s'ils ne se sentaient pas concernés. Ils marmonnaient qu'ils n'attendaient rien. D'autres enfin, les yeux brillants, s'agglutinaient autour du Corse. La main tendue, ils se préparaient à lui arracher ces premières lignes qu'ils recevaient de leur famille.

Urbanus dut m'appeler deux fois, tant l'observation de cette scène me fascinait. Je rougis en allant chercher la lettre épaisse qui m'était destinée et, sans demander mon reste, je courus m'enfermer dans ma chambre.

*

Mon Jan chéri,

Où seras-tu quand tu recevras ces lignes ? Si tu savais combien ton absence nous pèse à ta sœur et à moi ! Nous nous consolons en espérant que ton voyage, sur ton beau navire, se passe bien, que tu vois de magnifiques pays et rencontres des gens intéressants. En quittant Texel, tu semblais t'entendre avec ton oncle. J'espère qu'il en est toujours ainsi et que plus vous vous connaissez, plus vous vous appréciez.

Je pense que vous êtes maintenant assez proches l'un de l'autre pour qu'il te confie une chose qui me tient très à cœur mais que la distance m'empêche de te révéler moi-même, comme j'aurais aimé le faire. Dis-lui de t'en parler.

Dorith est sage. Elle comprend que j'ai besoin de calme pour supporter notre longue séparation. Elle a préparé quelques dessins pour décorer ta cabine. Je lui apprends à lire et à écrire. Elle manifeste de la bonne volonté.

J'ai entendu dire que le forgeron Jacob Mulder avait eu une attaque d'apoplexie et qu'il se trouvait entre la vie et la mort. Il faudra que j'aille prendre de ses nouvelles, ne serait-ce que pour toucher le loyer. Tu vois, mon Jan, ses grands airs ne lui ont pas évité le malheur. J'espère qu'il sera moins égoïste, s'il a la chance de se remettre.

Les voisins m'ont aidée à réparer la toiture qui laissait toujours passer la pluie. Ils sont très bons. J'ai du travail par-dessus la tête. Ça m'occupe les mains et l'esprit.

Ma recherche d'un local pour une boutique n'a pas encore abouti. D'ailleurs, je préférerais avoir l'avis de ton oncle pour prendre une pareille décision.

Je t'embrasse, mon fils chéri. Je suis infi-niment fière de toi. Dorith me supplie de te dire qu'elle t'aime.

Ta mère, Saskia Van Dijk

*

Pendant un instant, je me crus à la maison. Chaque objet me revint en mémoire : la table rugueuse, les chaises paillées, les pots de confitures sur l'étagère, l'odeur de savon et d'amidon qui flottait dans l'air. Je fermai les yeux et soupirai.

Le brouhaha qui montait du pont m'arracha à ma rêverie et m'attira dehors.

– Que se passe-t-il ?

– Le capitaine est fou de joie. Il vient d'apprendre que sa femme lui a donné un fils en mars. Bien entendu, on l'a appelé Jan-Diederik, comme son père.

– C'est pour ça que même au mouillage, la belle Suzanna se sentait mal ! ricana Bart.

Simon se tenait dans un coin. Je le rejoignis.

– Ça va ?

– J'ai une m… mauvaise nouvelle. Mon père est m… mort.

Je me souvins de ma douleur quand j'avais perdu le mien.

– Il était malade ?

– Non… Il buvait et il nous b… battait ma mère et moi.

– Alors, ce n'est pas si épouvantable ?

– Si, par… parce que ma mère est seule… Je… je voudrais rentrer.

Il avait les yeux pleins de larmes. Je tentai de le consoler.

– On va rentrer dans peu de temps ! Tu retrouveras ta mère et elle sera fière de toi. Moi aussi, j'ai perdu mon père. Je l'adorais, j'ai beaucoup pleuré. C'est difficile à accepter.

Je lui tapotai l'épaule.

– J'ai un tas de choses à te raconter… Je sais où le trésor sera caché !

J'avais lancé cette blague sans réfléchir, juste pour l'arracher à sa peine.

– Où ? demanda-t-il, mordant à l'hameçon.

– Essaie de deviner. Tu le mettrais où, toi, si on te le confiait ?

– Dans la cale !

– Tout le monde peut s'y rendre. Trouve un meilleur endroit !

– Dans la ch… chambre du capitaine !

– C'est Bart qui fait son ménage. Il le volerait en moins de temps qu'il ne faut pour le dire !

– Dans l'eau, au au b… bout d'une corde !

– Et si un requin coupait la corde d'un coup de dents et l'avalait ? Réfléchis ! Il faut une bonne cachette !

Le jeu dura un moment. Alors, sur un ton très confidentiel, j'inventai cette fable :

– La caisse sera scellée dans le mur de la cuisine ! Tout le monde passera devant sans se douter de rien !

– D… dans le m..ur de la c… cuisi… ne ! J… Je n'aurais ja… jamais eu cette idée !

*

Ce soir-là, ce fut la fête à bord. Le capitaine voulait faire partager sa joie d'être père.

– Que les musiciens aillent chercher leurs violons, leurs tambours et leurs trompettes ! Nous allons nous réjouir des bonnes nouvelles !

Quand la musique retentit le long de la rivière, elle attira les matelots des autres navires. Les officiers leur interdirent de monter à bord et, pour être certains d'être obéis, ils firent retirer l'échelle.

– On ne peut pas leur faire confiance, m'expliqua oncle Chris. Quand ils boivent, ils se conduisent mal. La fête se passa donc entre nous.

Le cuisinier avait préparé des poulets rôtis avec du riz et des légumes. Le vin, la bière et l'alcool chinois coulèrent à flots. Rares étaient ceux qui, comme mon oncle, Simon et moi, ne buvaient pas.

Je remarquai que, pour une fois, oncle Chris s'amusait. Il tirait sur sa pipe en regardant les matelots danser. Urbanus et Bart se déchaînèrent. Ils exécutèrent d'étonnantes pirouettes, des culbutes et même des sauts périlleux. Pour finir, encouragés par nos rires et nos applaudissements, ils traversèrent le pont en marchant sur les mains.

Vers onze heures, abandonnant l'équipage dont les braillements résonnèrent jusqu'au petit matin, oncle Chris se retira. Je le suivis.

Il s'assit sur sa couchette et m'invita à en faire autant, en face de lui.

– La lettre de ta mère a dû te faire plaisir ?

– Maman allait bien quand elle m'a écrit. J'espère que c'est toujours le cas, répondis-je.

– Je l'espère aussi. Heureusement, ta mère est encore jeune !

– Elle dit une chose bizarre… Elle compte sur vous pour me faire une confidence. Qu'est-ce que c'est ? Rien de grave, j'espère ?

Le lieutenant se mit à rire.

– Non, rien de grave ! Quand je lui ai écrit de Texel, je lui ai

demandé si elle acceptait de m'épouser…
Je m'immobilisai, suspendu à ses lèvres. Il poursuivit :

– Je viens de recevoir sa réponse !

– Que dit-elle ?

Oncle Chris sourit :

– Elle dit oui.

Je restai un moment silencieux. Il m'observait, se demandant quelle allait être ma réaction. Je le regardai droit dans les yeux :

– Je ne m'attendais pas à ça, mais… je suis très content, vraiment, très content !

Il m'ouvrit ses bras. Je me jetai contre lui.

– Je t'aime comme un fils, Jan, me confia-t-il.

– Vous m'avez bien eu, tous les deux !

– Si ta mère ne t'avait pas écrit à ce sujet, je ne t'aurais rien dit.

– Pourquoi ?

– Imagine que la nouvelle t'ait contrarié… la suite du voyage aurait été un enfer !

– Vous étiez inquiet ?

– Un peu. Souviens-toi ! Tu as mis du temps à m'accepter ! Les premiers mois, tu m'aurais envoyé au diable, si tu avais pu le faire !

Je bafouillai :

– J'avais l'impression que vous vouliez diriger ma vie…

– Tu es tout excusé.

Je m'allongeai sur mon lit.

– C'est drôle mais, quand nous étions au Cap, j'ai cru que Lisbeth vous plaisait. Ça m'a rendu si jaloux que j'ai voulu m'enfuir sur le *Zeeland*.

– Ça n'aurait pas été une bonne idée !

– Je n'arrive pas à le croire… Vous et ma mère ? Vous la connaissez si peu…

Il avait laissé tomber ses bottes sur le plancher. Il s'étira sur sa couchette.

– Tu te trompes. Je connais ta mère depuis bien avant ta naissance. Te souviens-tu de l'histoire que j'ai racontée à propos de cette jeune fille qui m'a repoussé, parce que j'étais ivre, quand je lui ai demandé sa main ?

– Oui.

– Eh bien, c'était Saskia. Elle a rencontré mon frère, Jan, peu après et c'est lui qu'elle a choisi d'épouser. Je n'ai pas osé vous rendre visite pendant des années. J'en ai souffert, mais je n'allais pas semer la zizanie dans un ménage heureux.

– Je comprends maintenant… Elle, en général si timide… Avec vous, elle était différente… Je comprends !

Je me mis à rire.

– Dommage qu'elle ne soit pas là pour nous entendre ! soupirai-je.

– Dommage ! On va lui écrire et on lui racontera que nous avons passé toute une soirée à parler de cette affaire !

Quand le lieutenant souffla la bougie, je murmurai :

– Pour le capitaine, ce fut aussi une belle soirée ! Il était bien content d'apprendre qu'il avait eu un garçon !

– Il ne peut pas être plus heureux que moi ! À partir d'aujourd'hui, j'ai une femme, un grand fils, mais aussi une petite fille ! Je suis comblé ! Bon, dormons, mon fils. Il se fait tard.

– Bonne nuit, mon père.

Je l'entendis rire dans la nuit.

Chapitre 15

Dans la nuit du 31 octobre, nous étions profondément
endormis quand on frappa violemment à notre porte.

– Entrez, cria oncle Chris.

Urbanus apparut, une lanterne à la main.

– Le capitaine vous demande. Il y a eu du grabuge sur le
Standvastigheid et M. Thibaut est venu demander de l'aide.

– Une mutinerie ? demanda mon oncle en s'habillant.

– Non. Des marins anglais… Avec la complicité de quelques-
uns des nôtres, ils sont montés à bord. Là, ils ont exigé des
alcools et se sont battus contre ceux qui leur résistaient. Ils ont
assommé plusieurs de nos matelots avec tout ce qui leur tombait sous la main. Comme si ça ne suffisait pas, ils ont cassé la
vaisselle, lancé les instruments de navigation par-dessus bord
et, même, fracassé les meubles. Un véritable saccage ! Réveillé

par le vacarme, le capitaine Thibaut a réussi à se glisser hors de sa cabine et à gagner la chaloupe amarrée près de l'échelle.

– Quelle bande de voyous ! lâcha oncle Chris en boutonnant sa veste.

Je ne résistai pas à l'envie d'en savoir plus. Je suivis les officiers qui décidèrent séance tenante d'envoyer des hommes pour maîtriser les ivrognes. Adriaan, M. de Witt et une douzaine de soldats armés partirent en canot à l'assaut des forcenés. On entendit des coups de feu. La plupart des matelots anglais préférèrent se jeter à l'eau plutôt que d'être menottés, et, après une débandade bruyante, le calme revint.

Le lendemain, alors que je servais le petit déjeuner, le capitaine Morel arriva en fulminant. Il était allé inspecter les dégâts.

– Ces vandales ont tout détruit ! C'est inadmissible ! Des monstres à l'état brut ! Quand j'ai remis le *Standvastigheid* à Thibaut, il était superbe. Nous l'avions bichonné pendant neuf mois. Et maintenant, le voilà dévasté ! Je vais apprendre à ces ivrognes qu'on ne se moque pas comme ça de la Compagnie hollandaise. Tout à l'heure, j'irai avec Thibaut me plaindre à leur directeur. Nous exigerons des excuses… et des réparations !

Dans la matinée, une délégation se rendit au comptoir des Anglais. Lorsqu'elle rentra, la colère du capitaine n'était pas retombée :

– Le directeur a jeté un œil ennuyé sur la liste des dégâts que Thibaut lui présentait. Il n'a parlé ni de réparation, ni de dédommagement ! Il nous toisait de haut, pour nous signifier que nous lui faisions perdre son temps !

– Nous devrions rédiger un rapport, suggéra mon oncle. Quand l'*Amstelveen* partira, il l'apportera à Amsterdam.

– Je vais l'écrire par acquit de conscience, mais je sais comment cela va se passer. Dans dix mois, qui se souciera du comportement de quelques ivrognes sur l'un de nos navires ? Personne ! Nos directeurs et les Anglais se disputent les marchés. Ils ne voudront pas envenimer la situation pour si peu. Mais je me vengerai ! J'ai ma petite idée, s'exclama-t-il tout à coup rasséréné. Ils vont payer leur dette, et plus vite qu'ils ne l'imaginent !

*

Deux jours plus tard, oncle Chris m'emmena à la foire de Canton.

Un sampan nous conduisit à terre. Un *lingua* nous rejoignit, qui baragouinait un mélange de portugais, néerlandais et cantonais incompréhensible.

– Il va nous aider à faire nos achats, m'annonça oncle Chris.

– Vous croyez que nous avons besoin de lui ?

– Nous ne sommes pas autorisés à entrer au marché sans un *lingua*. On va donc devoir le supporter ! dit oncle Chris, philosophe.

Le marché se trouvait dans les faubourgs ; une grande esplanade, qui ressemblait à une fourmilière. Au début, je ne vis que des alignements d'entrepôts devant lesquels s'entassaient des montagnes de colis, prêts pour la livraison. Des coolies les transportaient jusqu'aux quais d'où ils les chargeaient sur des sampans.

Le *lingua* nous conduisit vers le quartier des échoppes. Un vendeur de soie nous mit sous le nez une liasse d'échantillons qu'oncle Chris examina longuement.

– Dis-moi ce qui pourrait plaire à Saskia et à Dorith ?

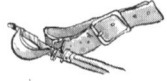

– Pour quoi faire ?

– Eh bien, pour des robes par exemple. À moins que ta mère n'ait envie de tissus pour des rideaux ou un couvre-lit. Qu'en penses-tu ? Et Dorith ? Tu ne la verrais pas dans une jupe verte ? Ces tissus sont si beaux que ce serait dommage de ne pas en rapporter.

Après avoir longtemps hésité, oncle Chris choisit cinq rouleaux aux teintes pastel. Le *lingua* conclut l'achat pour nous. Ensuite, oncle Chris s'arrêta devant des objets en laque. Il se laissa tenter par un petit paravent rouge et une boîte à bijoux que le *lingua* marchanda, avant de nous assurer qu'il les avait obtenus aux meilleurs prix.

Sur l'étal suivant, s'alignaient des objets en ivoire : toutes sortes d'animaux, statues, dragons, plaquettes représentant des agriculteurs dans la rizière ou des pêcheurs dans une barque.

– On va offrir un bracelet à ta mère. Crois-tu que Dorith aimerait un petit dauphin ? Ou cet éléphant ? Et toi, qu'est-ce qui te ferait plaisir en souvenir de ton passage à Canton ?

Oncle Chris aurait tout acheté.

La porcelaine chinoise occupait une grande partie du marché. Nous défilâmes devant des centaines de vases, unis ou peints, de figurines d'hommes, de femmes, de chevaux ou d'oiseaux.

Là encore, oncle Chris admira une théière et un pot à beurre en céladon qui vinrent s'ajouter au tas déjà volumineux de nos paquets.

– Est-ce que ce vendeur aurait des dînettes ? demanda-t-il au *lingua*.

Il était incroyable ; il n'avait pas oublié la promesse qu'il avait faite à Dorith !

On lui présenta une boîte qui contenait
un minuscule service à thé en porcelaine
blanche et une autre, remplie de petites
assiettes et de bols recouverts d'un vernis
bleu. Il acheta les deux.

Autour de nous, la foule m'intriguait.
Les femmes, avec leurs jolis yeux en amande, me semblaient très menues. La plupart des hommes étaient des por-
teurs. On les reconnaissait à leur chemise sans col, leur
culotte courte et leur crâne rasé. À deux, ils soulevaient de
gros paquets attachés au milieu d'un bambou.

Sous un long toit, des travailleurs, pieds nus, tassaient le thé
dans des caisses en bois. Un vieux sage surveillait une balance
montée sur un trépied. Sa moustache blanche tombait sur sa
poitrine et sa peau était aussi ridée qu'un parchemin.

Les commerçants étaient vêtus de tuniques et de chapeaux
pointus d'où dépassait leur tresse, si longue que, parfois, elle
touchait le sol.

Une dame nous croisa. Elle portait une magnifique robe
jaune brodée, doublée de soie rouge, et son chignon, tout en
hauteur, la grandissait. Entourée de servantes, elle avançait
avec difficulté sur des chaussons minuscules.

– C'est une infirme ? demandai-je à oncle Chris.

– Non. Elle a les pieds bandés. Les Chinois aisés imposent
un véritable supplice à leurs filles pour empêcher leurs pieds
de grandir. Ils trouvent les grands pieds vulgaires !

J'en restai bouche bée. Si je ne l'avais pas vu de mes propres
yeux, j'aurais cru qu'oncle Chris me racontait n'importe quoi.

De retour sur le *Geldermalsen*, nous emballâmes délicatement nos trésors avant de les ranger dans nos coffres.

 – Voilà, dit oncle Chris. Nous pouvons par-
tir. Nous rapportons de quoi consoler
Saskia et Dorith de notre longue absence !
– Elles seront si contentes. Merci…
Il me serra contre lui. À cet instant, je compris combien mes sentiments à son égard avaient changé.
Sa gentillesse, sa droiture, sa simplicité avaient eu raison de
mes révoltes. Grâce à lui, je m'améliorais : je réfléchissais avant
de critiquer, j'évitais les mots blessants, je me dominais mieux.
Sous une apparence un peu rustre se cachait un homme de
cœur qui, avec patience, avait su gagner ma confiance. Je le
respectais et je l'aimais de plus en plus.

Quand je retrouvai Simon pour le service du soir, ce qu'il
m'annonça me consterna.

– Le capitaine v… veut que je rentre en Hollande sur
l'Ams… l'*Amstelveen*. Je ne ferai donc p… pas le voyage du
retour avec toi.

– Mais pourquoi ? Je ne veux pas rester sans toi sur le
Geldermalsen.

– Le capitaine de l'*Amstelveen* a surpris six matelots en
train de v… voler de l'alcool. Il re… refuse de na… naviguer
avec eux. Ils viendront donc sur le Gel… *Geldermalsen*. Bart
et moi, on ira sur sur l'*Ams… telveen*.

– Bart aussi ?

– Oui. Le le capitaine dit que Bart n'a plus l'âge d'être
mousse. Il a dix-neuf ans, m… maintenant. Il sera en…
engagé comme gabier. Il est si content ! Tu tu aurais dû le v…
voir ! Il hurlait de joie !

J'en aurais pleuré.

– Et moi ? Je veux partir avec vous. Je n'aime pas le

Geldermalsen. Il est beaucoup moins beau que le *Standvastigheid* !

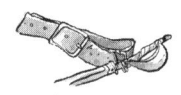

– Toi, tu dois rester avec ton oncle ! Ne s… sois pas triste ! On se reverra à Amsterdam. Donne-moi ton adresse !

– Je te confierai une lettre pour ma mère. Tu la lui apporteras. Comme ça, tu sauras où j'habite. Tu lui diras que nous arriverons peu après toi. Ne parle pas à ma petite sœur du perroquet ! Je veux lui faire une surprise !

Désespéré, je courus vers oncle Chris. Il tenta de me raisonner :

– Le retour sera rapide, Jan. Ne me reproche pas de te garder avec moi. Je serais inquiet si tu me quittais. Je ne suis pas certain que Simon y gagnera au change. La vie des mousses est dure… surtout quand personne ne les protège !

*

Le 10 novembre, le capitaine Morel claironna dans son porte-voix :

– Messieurs, je veux que mercredi, soit dans deux jours, l'équipage au grand complet descende à terre pour y passer la journée. Je ne veux personne, vous m'entendez bien, personne à bord ce jour-là !

Les hommes parurent étonnés, mais sans plus.

– Qu'est-ce qui lui prend ? s'interrogea un marin à côté de moi. Il veut réviser nos coffres ?

Simon me tira par la manche pour m'éloigner des autres.

– Tu as c… compris ? Il va cacher le tré… trésor. Moi, j'ai b… bien envie de me plan… planquer à b… bord pour v… voir ce qui se passera.

– T'es fou ! Si on t'attrape, tu risques la cale humide !

– Je je veux voir le tré... sor.

– Tu rêves. Il sera dans une caisse cadenassée !

– Alors... je v... vais examiner le mur de la cuisine. S'il n'y a pas de ch... changements mer... mercredi soir, je saurai que tu es un m... menteur !

Oncle Chris s'approcha de nous.

– Je prévoyais de retourner à la factorerie après-demain. Vous m'accompagnerez tous les deux ?

Le visage de Simon s'illumina.

– Merci, mon... monsieur, accepta-t-il, enchanté.

*

Le mercredi suivant, le service du petit déjeuner à peine terminé, l'équipage au complet reçut l'ordre de descendre dans la chaloupe et le canot. Simon n'aurait pas réussi à passer entre les mailles. Urbanus surveillait tout avec attention.

Le capitaine resta seul à bord. Je vis de loin un sampan chinois, avec le hanniste Tsja Hongqua et M. Loofs, qui se dirigeait vers le *Geldermalsen*.

– Regarde, chuchota Simon en me poussant du coude. C'est bien ce qu'on a deviné !

Au comptoir de la V.O.C., gardé par cinq soldats, deux subrécargues, que je ne connaissais pas, nous accueillirent. Ils avaient préparé une table pour la dégustation du thé.

Dionisius, le fils de M. Loofs, fit circuler de petites tasses en porcelaine blanche, à moitié remplies, dans lesquelles nous devions tremper nos lèvres.

Oncle Chris froissa dans ses mains des feuilles de thé qu'il flaira d'un air averti. Ensuite seulement, il goûta au contenu des tasses.

– Excellent, approuva-t-il. C'est du bohea, n'est-ce pas ? Celui qui est cueilli au début de l'été ? Quel parfum ! Bravo ! Vous nous avez obtenu une récolte de première classe ! Le capitaine sera satisfait.  Après les déboires de ces derniers temps, il appréciera une bonne nouvelle !

Simon et moi, nous hochions la tête, comme pour confirmer ses paroles. Dionisius nous observait depuis un moment. Tout à coup, il s'esclaffa et demanda au lieutenant :

– Mais qui sont ces deux pitres ?

Le lieutenant se mit aussi à rire en nous voyant vider nos tasses, la bouche en cul-de-poule et le petit doigt relevé.

– Ils apprennent le métier, Dionisius. Ne vous moquez pas d'eux !

Oncle Chris nous avoua modestement qu'il avait à peine plus d'expérience que nous. Il faisait confiance aux acheteurs de la Compagnie.

– Ce sont eux qui font des dégustations avec les marchands, à la maison du thé. Ils peuvent dater une récolte d'un simple coup d'œil. Moi, je me contente de superviser leur travail.

On nous apporta des biscuits au gingembre si exquis que nous leur fîmes un sort, Simon et moi.

Le lieutenant demanda où en était la cargaison de porcelaines.

– Venez jeter un coup d'œil, monsieur. Nous emballons les dernières pièces. Nous avons là six plats qui me paraissent exceptionnels, dit le subrécargue.

Sur des rayons, dans l'arrière-salle, s'entassaient des piles d'assiettes bleues et blanches. Certaines étaient décorées de bouquets de pivoines. Sur d'autres figurait une pagode, ou encore un jardin fantastique.

Le subrécargue nous fit admirer les plus beaux plats. Ils étaient ronds et décorés de carpes à grandes nageoires qui semblaient danser parmi des fleurs et des nuages.

– Le *Geldermalsen* rapportera tout ça en Hollande ? demandai-je.

– La commande est complète ? s'enquit le lieutenant.

– Non, il manque encore environ soixante-quinze caisses. Si nous ne les recevons pas d'ici à votre départ, elles seront confiées à un autre navire, l'année prochaine. En revanche, tout ce qui est ici vous sera livré ces prochains jours.

– Faites au mieux car M. Morel s'impatiente, recommanda oncle Chris.

Quand le sampan nous ramena, les heures avaient filé comme dans un rêve. Nous comprenions mieux pourquoi les compagnies européennes envoyaient, à leurs risques et périls, des navires de l'autre côté de la terre.

Le capitaine nous attendait, appuyé au bastingage.

Simon fila comme une flèche à la cuisine et revint vers moi, presque aussitôt :

– Le trésor a été placé jus... juste au-d... dessus du fourneau. Il y a une nouvelle p... plaque de cuivre. Elle brille co... comme de l'or.

– Tu es sûr de ça ? demandai-je, étonné qu'il ne mît pas ma blague en doute.

– Absolument. Cette pla... que a une cou... couleur différente ! Ça saute aux yeux !

*

À l'idée de changer de métier, Bart était transfiguré. Je ne l'avais jamais vu aussi joyeux. Il n'attendait plus que le moment de rejoindre l'*Amstelveen*.

– Le steward a accepté de te laisser partir ? le taquinai-je.

Son sourire s'effaça et une lueur de haine brilla dans ses petits yeux :

– M'en parle pas ! J'espère jamais revoir ce salaud ! maugréa-t-il, les dents serrées.

– Maintenant, il n'aura plus que moi sur qui passer ses nerfs !

J'étais plus inquiet à cette perspective que curieux de comprendre pourquoi Bart lui en voulait tant.

– Tonton veillera sur toi ! railla-t-il en tournant les talons.

Un peu plus tard, le capitaine et mon oncle discutaient dans la grande salle, quand le steward leur fondit dessus.

– Il paraît que Bart devient gabier sur l'*Amstelveen* ?

– Oui, répliqua le capitaine. Il en est tout à fait capable. Il est très à l'aise dans les haubans ! Avec cette promotion, sa solde sera augmentée, ce qui n'est pas pour lui déplaire !

– Pourquoi ne peut-il rester sur le *Geldermalsen* ? Il est de mon village et je me sens un peu responsable de lui.

– Allons, allons, Arnold, votre protégé n'est plus un enfant ! Laissez-le voler de ses propres ailes ! On a besoin d'un gabier sur l'*Amstelveen* et Bart y sera à sa place, trancha le capitaine avec autorité.

Mécontent, le steward ouvrit la bouche, la referma et pinça les lèvres comme toujours, quand il était contrarié. Vexé, il sortit de la pièce en claquant la porte.

– Il exagère ! murmura le capitaine. Je ne voyagerai plus avec lui ! Il n'accepte même plus mes ordres !

– Urbanus trouve son attachement pour Bart excessif. Il est temps de l'arracher à ses griffes ! répondit mon oncle.

Le capitaine se redressa :

– Vous voulez dire que... ?

Il s'interrompit parce qu'il venait de remarquer que je suivais la conversation avec attention.

– Pour parler d'autre chose, s'empressa-t-il, j'apprécie beaucoup votre neveu, monsieur Van Dijk. Il est poli et surtout très discret.

Oncle Chris m'adressa un sourire plein de fierté.

*

Le rythme de livraison des caisses de porcelaines s'accéléra. Le lieutenant avait fort à faire avec l'arrimage de cette délicate cargaison.

M. Hansz inventoriait tout ce qui entrait dans nos cales.

Enfin, le 20 novembre, Simon et Bart reçurent l'ordre d'empaqueter leurs affaires. Durant tout l'après-midi, je ne quittai pas Simon d'une semelle. Son départ me rendait malade.

– Avec qui vais-je rigoler maintenant ?

– Je ne connaîtrai ja... jamais la s... suite de l'affaire du tré... trésor, regretta-t-il. J'aurai bien v... voulu as... assister au r... rendez-vous s... secret.

– Je te raconterai tout en détail ! Et toi, tu iras voir ma mère ? Promis ?

– P... Promis.

J'eus de la peine à me maîtriser quand, après le dîner, Simon et Bart rejoignirent le capitaine de l'*Amstelveen*. Bart tirait un  coffre, mais pas Simon. Toutes ses affaires tenaient dans le vieux sac qu'il portait sur l'épaule.

Le canot qui les emporta se fondit dans la nuit. Je sentis une boule au fond de ma gorge et filai m'enfermer dans ma cabine.

Chapitre 16

Les six matelots que nous envoya l'*Amstelveen* avaient des têtes de bandits. Leurs crânes rasés, leurs regards sournois m'effrayèrent. Le plus jeune était si maigre qu'on lui comptait les côtes. Heureusement, je ne devais pas partager l'entre-pont avec eux !

— Combien avons-nous d'hommes maintenant ? demanda le capitaine à Urbanus.

— Quatre-vingt-quinze, monsieur.

— Ce n'est pas suffisant. Vous allez faire une petite prome-nade sur la rive et du côté des comptoirs. Vous voyez ce que je veux dire ? demanda-t-il en adressant un clin d'œil au Corse.

— Oui, monsieur.

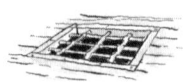

– Jan vous accompagnera. Il parle un peu anglais. Je ne veux que des gars de Grande-Bretagne, c'est bien compris ?

– Oui, monsieur.

Aussitôt, Urbanus ordonna à deux marins de nous conduire jusqu'à la grève.

– Nous allons tenter une démarche auprès des matelots anglais, m'expliqua-t-il. Ce n'est pas très légal. Il faut agir discrètement. Tu vas leur dire que le *Geldermalsen* appareillera le 18 pour la Hollande et que nous manquons d'hommes. Nous en voulons une bonne douzaine, si possible expérimentés. Assure-les qu'ils n'ont rien à craindre. On ne les dénoncera pas. Ils seront bien payés et bien nourris. Tâche d'être persuasif !

J'essayai de rassembler dans ma tête les mots dont j'aurais besoin.

Un groupe de grands types blonds lavaient leur linge dans la rivière. Urbanus s'approcha pour les écouter parler.

– Non… Ceux-là sont danois.

Un peu plus loin, deux marins pêchaient, assis à l'ombre d'un palmier.

– Voilà, ils sont anglais. Viens.

Il les salua et me poussa vers eux. Je commençai par bafouiller, ce qui déclencha quelques rires. Quand je réussis à faire passer mon message, ils cessèrent de ricaner et hochèrent la tête, tentés par notre proposition.

– Dis-leur que je n'ai pas besoin de connaître leur décision aujourd'hui ! Qu'ils se concertent avec leurs camarades ! Je passerai demain à la même heure pour avoir leur réponse !

On répéta cette petite scène plusieurs fois. À la fin, j'étais rodé et je débitais sans hésitation les explications nécessaires.

– Bon, ils savent à quoi s'en tenir. On peut rentrer. Tu verras, ça va marcher ! déclara Urbanus en se frottant les mains.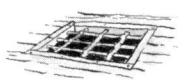
– Vous n'avez pas peur qu'ils nous dénoncent à leurs supérieurs ?
– C'est le cadet des soucis du capitaine Morel ! rétorqua Urbanus, catégorique.

C'est ainsi que seize hommes acceptèrent d'abandonner leur équipage pour se joindre au nôtre. Ils monteraient à bord la veille de notre départ.

J'étais assez fier de moi.

– Jan est un excellent négociateur, lança le capitaine à mon oncle.

– Pourquoi dites-vous ça ? demanda oncle Chris, qui n'était pas au courant de l'affaire.

– Parce que, grâce à vos bonnes leçons d'anglais, il nous a aidés à engager seize transfuges *british*.

Je vis oncle Chris tiquer.

– J'ignorais que vous aviez chargé mon neveu d'une telle mission !

– Je ne vous en ai pas parlé parce que vous n'auriez pas été d'accord. Voyez-vous, je sais qu'il ne faut pas soudoyer les matelots d'autres compagnies, mais je n'ai pas assez d'effectifs pour rentrer, et les Anglais ont une dette envers nous.

Mon oncle ne répondit pas. Je devinai sans peine qu'il désapprouvait complètement cette manière d'agir.

– J'ai été trop mal reçu par le directeur anglais, quand je suis allé me plaindre de leur vandalisme ! Me voilà vengé ! conclut le capitaine.

*

 Les Chinois nous livrèrent les dernières caisses de porcelaines, le thé et des vivres. On hissa sur le pont des sacs de riz, de haricots secs, du poisson, du sucre, du brandy et du vin blanc.

Une partie de la viande nous arriva vivante : vingt porcelets que l'on répartit entre le canot et les cages à moutons, quatre bœufs, qui furent parqués sur le premier pont, et des poulets. Nous devions tenir jusqu'au Cap sans escale, soit pendant environ cinq mois.

Adriaan avait pu compléter son armement. Fièrement, il m'annonça que le *Geldermalsen* comptait vingt-quatre canons en fer et deux en bronze, trente-six fusils et pistolets, cent grenades, trois mille livres de poudre et tout le nécessaire d'un véritable arsenal. Étant donné que nous avions cette fois un équipage peu fiable, il avait exigé en plus, vingt-quatre paires de menottes et dix-huit fers.

Les traîtres que nous avions racolés montèrent à bord le 16 décembre.

Je notai aussi la présence d'un autre passager anglais, un marchand du nom de Richard Bagge. Il était pressé de se rendre à Batavia. Je compris qu'il nous fausserait compagnie dès qu'il pourrait monter à bord du navire qui nous attendait dans le détroit de la Sonde. Il s'installa dans l'une des meilleures cabines car il avait les moyens de se l'offrir.

Les marchands chinois et les hannistes vinrent nous dire au revoir. Ils reçurent l'argent que le capitaine leur avait promis.

– Ils nous remettent la grande chape, m'expliqua Adriaan.

– Qu'est-ce que c'est ?

– La permission de partir. Sans la grande chape, on

n'obtiendrait pas de pilotes pour nous remorquer, et les deux forts de la Bouche-du-Tigre ouvriraient le feu sur nous !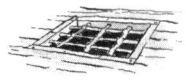

– Et si malgré tout on réussissait à passer ?

– Les Chinois feraient main basse sur tous les navires hollandais encore au mouillage et, à défaut, sur ceux qui arriveront l'année prochaine.

*

Enfin, le 17 décembre au matin, ce fut le grand départ. Il faisait beau et la température était agréable. Nous étions cent douze hommes à bord.

Les bateaux à rames des Chinois se présentèrent. Un pilote monta à bord pour diriger la manœuvre de halage avec le capitaine.

Lentement, le *Geldermalsen* amorça sa descente de la rivière. Je regardai une dernière fois l'île de Wampou, sa tour en forme de pagode, les baraquements en bois que les Français étaient en train de démonter, le cimetière des marins européens et le long bateau du hopou avec sa bannière couverte d'écritures chinoises.

J'étais heureux. Je rentrais en Hollande. Bientôt, je reverrais ma mère et Dorith.

Les mains de mon oncle se posèrent sur mes épaules. Je me retournai.

– Tu te réjouis de les revoir ? me demanda-t-il comme s'il devinait mes pensées.

Et, sans me laisser le temps de répondre, il ajouta avec un large sourire :

– Moi aussi !

*

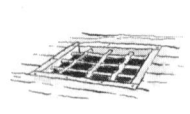 À cause de mes tuniques de coolie, les Anglais me surnommèrent Le Chinois Blond. J'essayai, de temps à autre, de leur parler mais ils n'étaient pas bavards. J'avais d'ailleurs de la peine à les comprendre. Entre eux, ils communiquaient en patois. Urbanus me conseilla de les éviter. Il se méfiait d'eux et il avait raison. Une semaine ne s'était pas écoulée qu'un solide gaillard attaquait un soldat hollandais au couteau. On parvint à le désarmer mais sa victime, un dénommé Cornelis Pietersz, finit à l'infirmerie. L'Anglais fut mis aux fers.

Depuis le départ de Bart, M. Arnold semblait atteint de mutisme. Il ne desserrait les lèvres que lorsqu'il y était obligé. Il m'indiquait d'un mouvement de tête ce que j'étais censé faire et, comme je connaissais bien mon travail, je devinais presque toujours ce qu'il voulait.

En revanche, le matelot qui remplaçait Simon devint sa tête de Turc. Il l'accusa de faire du mauvais esprit, d'être grossier. À force de s'en plaindre, il obtint qu'on le mît au cachot pendant vingt-quatre heures. Cela m'exaspéra.

Une sorte de lassitude, doublée d'impatience, régnait à bord. Il valait mieux éviter les sujets de friction. L'escale de Canton n'avait pas permis aux hommes de se reposer. Ils s'étaient usés à réparer le *Geldermalsen* et, déjà, ils en avaient assez de ne manger que du riz. Comme il n'y avait pratiquement rien d'autre dans nos cales, les repas promettaient d'être très monotones jusqu'au Cap.

Heureusement, à Noël, on tua un bœuf.

Selon l'habitude en ce jour sacré, le capitaine et le premier lieutenant lurent l'Évangile, puis récitèrent quelques prières devant l'équipage recueilli. Ensuite on joua de la musique jusque tard dans la nuit.

Je m'assis à califourchon sur le beaupré pour contempler la lune. Adriaan me rejoignit. Il se lança sur ce qui était devenu son sujet favori : le sort dur et injuste des marins.

– J'espère, commença-t-il, que nous ne perdrons pas trop d'hommes au cours des prochains mois. Quand je les vois chanter et danser avec tant d'insouciance, j'ai mal pour eux. Je sais que beaucoup d'entre eux ne reverront pas la Hollande.

– À qui la faute ? demandai-je.

– À la V.O.C. Chaque voyage rapporte tant d'argent que la vie humaine ne pèse guère dans la balance.

– Tu trouves que les officiers exploitent les équipages ?

Il réfléchit quelques secondes :

– Certains oui, mais pas tous.

La tournure de notre entretien devenait délicate. J'insistai :

– Dans quelle catégorie places-tu le capitaine Morel et mon oncle ?

Il ne se laissa pas piéger :

– Parmi les gens corrects. J'apprécie particulièrement ton oncle. Il respecte tout le monde, il est bon. Mais...

– Mais ? répétai-je, en alerte.

– Comme la plupart des officiers, il accepte le système. C'est normal, il en dépend, ajouta-t-il pour atténuer sa critique.

– À ton avis, que devrait-il faire ?

– Seul, il ne peut pas grand-chose ! Par contre, si tous les directeurs et responsables le voulaient bien, ils amélioreraient les conditions de vie des équipages.

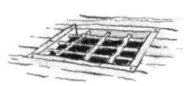– Facile à dire ! La plupart des soldats et des marins sont de vraies brutes ! La preuve ? Ils se battent comme des chiens et ils pissent partout, protestai-je.

– Ils n'ont que deux poulaines. C'est peu pour une centaine d'hommes !

– Qu'est-ce que tu proposes pour changer les choses ?

– Que la Compagnie s'en mette un peu moins dans les poches et trouve des solutions aux problèmes les plus graves. Nos gars en ont assez de crever comme des mouches !

*

Le lundi 3 janvier 1752, soit dix-huit jours après avoir quitté Canton, nous étions à environ 1° de l'équateur. Tout allait bien. Le temps était radieux et le vent du nord, modéré.

Vers quinze heures trente, le capitaine sortit de sa cabine. Il s'approcha d'oncle Chris qui était de quart.

– Quelle est la situation ? s'enquit-il.

– Bonne.

– A-t-on aperçu l'île de Het Ruyge ?

– Elle est visible à tribord, répondit oncle Chris.

– Cela signifie que nous avons dépassé le rocher de Geldria. Donc, plus d'obstacle devant nous. On met toute la toile et on cingle vers le sud !

Il donna des ordres dans ce sens.

Je traînai sur le gaillard d'arrière jusqu'à la fin du quart d'oncle Chris.

À six heures, un surveillant et un matelot grimpèrent sur la hune pour examiner l'horizon. Ils crièrent qu'ils ne distinguaient aucune terre alentour.

Je rentrai pour mettre la table.

Une heure plus tard, Urbanus était occupé à consolider les ancres sur les bossoirs, quand il distingua, en face de lui, un point suspect d'écume blanche. Il hurla :

– Récif à l'avant !

Tout le monde l'entendit. Je retins ma respiration. Le danger surgissait, au moment où on l'attendait le moins.

Dans un effort désespéré, l'homme à la barre voulut changer de cap. Trop tard ! Un choc sourd, inhabituel, ébranla le bâtiment. Je perdis l'équilibre

Notre course s'était arrêtée net. La grande table bascula. La vaisselle, sur les étagères, tomba avec fracas, des débris de verre et de porcelaine jonchèrent le sol. J'entendis des cris, une cavalcade.

Laissant tout en plan, je me précipitai dehors.

Une immense confusion régnait sur le pont. Nous avions bien heurté un écueil. Des marins couraient dans tous les sens pour exécuter les ordres du capitaine, qui s'égosillait.

– Amenez l'artimon ! Orientez la voilure au près ! Au près, je vous dis ! Coupez l'écoute de la grand-voile à tribord !

Quelques gabiers étaient montés dans la mâture. Les soldats, accourus à la rescousse, se suspendaient aux drisses. L'angoisse nous étreignait. Au cœur de la mêlée, chacun cherchait à se rendre utile.

Grâce aux efforts de l'équipage, lentement, le navire lofa du sud à l'est et se dégagea des rochers qui le retenaient. Il se retrouva miraculeusement à flot. Un murmure de contentement salua ce beau résultat. Je vis l'expression de mon oncle se détendre. Nous avions évité le pire.

C'est alors qu'une nouvelle instruction tomba :

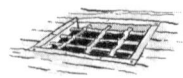

– Coupez l'écoute de foc à tribord !

– Non ! hurla mon oncle. Pas l'écoute de foc !

Dans le tumulte, sa protestation se perdit. Une lame jaillit d'une poche pour trancher le chanvre qui retenait la toile. Médusés, nous sentîmes que le *Geldermalsen* repartait à vive allure en direction du sud pour se précipiter de nouveau sur le récif.

Cette fois, la collision fut épouvantable. Avec un bruit de tonnerre, le grand mât de hune se brisa. Sa chute fit éclater une partie du deuxième pont et fracassa le plafond de la chambre du conseil. Les gabiers, qui se trouvaient dans la voilure, hurlèrent de frayeur. J'en vis plusieurs lâcher prise et tomber à l'eau comme des pantins désarticulés. Au même moment, la masse des vergues et des voiles écrasa les matelots qui n'avaient pu s'échapper. Cette vision me glaça le sang.

Oncle Chris se rua vers la roue. Elle était hors d'usage. Le gouvernail s'était brisé !

– La coque est trouée, lança une voix à la proue. L'eau s'engouffre dans la cale !

Je n'arrivais pas à le croire. À peine parvenus à sortir du piège, voilà que nous y étions tout droit retombés ! J'eus le sentiment qu'une force invisible se jouait de nous, cherchait à nous anéantir.

Des plaintes étouffées provenaient du tas sombre des décombres. Je m'approchai et trébuchai sur une jambe. Je me penchai pour la toucher, elle n'eut aucune réaction. Mes mains cherchèrent à tâtons le reste du corps. Elles ne rencontrèrent qu'une bouillie tiède et flasque, coincée sous un pilier. Un spasme me souleva l'estomac et je vomis sur place.

Pendant ce temps, halé par le vent et le courant, le *Geldermalsen* continuait, tant bien que mal, à avancer.

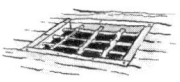

– Il n'y a plus que six brasses de profondeur ! hurla le timonier.

Des grincements et frottements sinistres montaient de la cale. Le navire raclait le récif de corail, creusait sa voie au travers. Un soubresaut plus violent que les autres fit voler en éclats les vitres du château arrière. Le *Geldermalsen* gîtait, tantôt à bâbord, tantôt à tribord. J'avais l'impression qu'il luttait, comme un animal blessé, pour s'arracher aux griffes du monstre marin qui le lacérait. La traversée du haut-fond dura bien une vingtaine de minutes, qui nous parurent une éternité.

Le capitaine multipliait les ordres dans son porte-voix. Pour freiner notre course infernale, Urbanus fit jeter l'ancre de miséricorde. Manœuvre inutile : elle se coinça entre la quille et le récif. Nous la perdîmes.

Il y eut encore une série de coups de boutoir, soulignés par les jurons des marins, que leur impuissance rendait fous et, tout à coup, comme par miracle, le *Geldermalsen* se trouva dégagé pour la deuxième fois.

– On a traversé le récif ! dit un soldat. C'est pas croyable ! L'espoir revint. Quelques sourires déridèrent les faces.

– On l'a échappé belle !

Mais voilà que déjà, le timonier annonçait :

– Capitaine, nous avons quatorze pieds d'eau dans la cale !

– Aux pompes, les gars ! réagit le capitaine. Il n'y a pas une minute à perdre !

Les hommes ne se le firent par dire deux fois ! Jamais on ne vit marins plus empressés à obéir aux ordres. Mais le désordre

 qui régnait ne facilitait pas l'action. Nous fûmes tous réquisitionnés pour dégager l'accès aux quatre pompes, au pied de ce qui restait du grand mât. Une équipe de remplacement se prépara à relayer celle qui montrerait les premiers signes de fatigue.

– Nous avons de nouveau vingt-cinq brasses de profondeur, estima M. Helt.

– Affourchez ! ordonna oncle Chris à trois hommes. Cette mesure devait nous empêcher de dériver sous l'effet de la brise qui soufflait du nord.

*

Le ciel était plein d'étoiles. La beauté de la nuit me frappa. Elle rendait le drame que nous vivions d'autant plus étrange, presque incompréhensible.

Un chuintement montait de la cale. C'était l'eau qui s'y engouffrait à gros bouillons.

Soudain, je me souvins du marin anglais mis aux fers pour avoir poignardé Cornelis Pietersz. L'avait-on délivré ? Je me précipitai dans la cambuse, puis vers la grande écoutille de la cale.

L'obscurité de l'entrepont ralentit ma course. Les hommes étaient tous sur le pont. Au-dessus de moi, j'entendais leur piétinement et, au-dessous, les clapotis de l'eau. J'étais seul, la peur amollissait mes jambes, j'avançais à l'aveuglette en me cognant contre les cages à moutons.

À tâtons, j'attrapai l'anneau de l'écoutille. Sans éclairage, comment allais-je délivrer l'Anglais ?

Une voix lugubre me fit sursauter.

– J'vais mourir. M'abandonnez pas ! J'veux pas mourir seul !

– Je suis là, dis-je au malade qui pleurait dans son hamac.

Curieusement, il se tut, et je repris courage. Je réussis à soulever l'écoutille, je me penchai au-dessus du trou en criant :

– Y a quelqu'un là-dedans ? Répondez !
Hé, l'Anglais, *are you here* ?

Je ne voyais rien, j'entendais la masse de l'eau qui grondait au fond du gouffre.

C'était risqué de descendre, et pourtant, il le fallait : l'Anglais était à bord à cause de moi.

Je posai mes pieds sur le premier barreau quand une lueur apparut. Quelqu'un, qui brandissait une lanterne, se dirigeait vers moi :

– Qu'est-ce que tu fiches ici ? rugit le timonier. Retourne sur le pont !

– Je voulais libérer le prisonnier ! expliquai-je, penaud.

– Mêle-toi de ce qui te regarde ! Fous le camp ! Tu m'empêches de travailler ! Et cette satanée eau qui ne cesse de monter… ajouta-t-il en éclairant la cale.

Assez soulagé d'échapper à la mission que je m'étais imposée, je me faufilai comme une ombre entre les cages pour regagner le pont.

Chapitre 17

Le capitaine venait d'ordonner de mettre les embarcations de sauvetage à la mer.

Dans l'affolement général, les hommes devenaient brutaux, cumulaient les maladresses. Le canot fut retourné sans ménagement pour évacuer les porcelets chinois qui l'encombraient. Ensuite, il se balança au bout de son câble et heurta violemment le mât de misaine avant d'atteindre la surface de l'eau.

La chaloupe prit le même chemin, par chance, sans dommage.

– Urbanus, cria le capitaine, faites descendre les malades dans la chaloupe, je vous les confie !

Il ordonna ensuite à oncle Chris de prendre le commandement du canot.

 – Jan, monte à bord avec le lieutenant !
Terrorisé à l'idée d'être séparé de mon oncle,
je me ruai vers l'échelle.

Le maître tonnelier, le charpentier, Cornelis
Pietersz, à peine remis de sa blessure, et
quatre soldats dont un fusilier se joignirent à nous.
Le canot prenait l'eau de manière inquiétante. Lors de sa mise à l'eau,
deux planches avaient été arrachées juste au-dessus de la
ligne de flottaison.

– Halte-là ! cria oncle Chris. Toute charge supplémentaire
risque de nous envoyer par le fond !

Comme nous pataugions, un homme, penché sur le bastingage, se moqua de nous :

– C'est pour vous laver les pieds que vous êtes descendus
dans cette bassine ?

Je me demandai où il trouvait la force de plaisanter.

– Il a bu, commenta un soldat. Le capitaine revigore son
équipage à coups de gnôle !

Oncle Chris réclama une provision d'eau douce et des instruments de navigation, mais personne ne l'entendit.

Tout à coup, on nous lança des voiles, des rames et une
écope.

– Hé, protesta oncle Chris, vous allez nous assommer !
Capitaine, donnez-nous aussi quelques vivres et une carte !

Un tonnelet d'eau et une boîte de biscuits de mer arrivèrent
par miracle. Cornelis se pencha pour attraper un porcelet qui
se débattait dans l'eau, à côté de nous.

– Faut pas perdre une réserve de viande !

Il grimaça de douleur en le hissant à bord. Sa cicatrice
n'était pas encore tout à fait fermée.

Le charpentier, couché au fond du canot, s'affairait de son mieux à boucher la voie d'eau. Sans scie, ni marteau, il allait en avoir pour un moment. J'aidai le tonnelier à écoper.

– Capitaine ! appela oncle Chris. Il y a encore de la place sur la chaloupe ! Et le canot sera vite réparé. Envoyez-nous plus de monde !

– Calmez-vous, lieutenant. Tout va bien ! Le *Geldermalsen* n'est pas sur le point de couler ! Je le connais ! C'est un bon bateau ! Quand le jour se lèvera, je prendrai les décisions qui s'imposeront. Ne vous éloignez pas, c'est tout ce que je vous demande pour l'instant !

On s'attacha à l'échelle.

La chaloupe restait un peu en retrait. Deux matelots ramaient pour lutter contre la force du courant. Urbanus avait lui aussi réclamé des vivres, de l'eau et des instruments sans rien obtenir. Le capitaine et l'équipage luttaient contre l'eau qui les envahissait.

Soudain, je me levai pour saisir l'échelle. Oncle Chris me retint :

– Que fais-tu ?

– Je vais chercher Java.

– Tu es fou ! Reste ici.

– Mais le capitaine a dit que…

– Assieds-toi ! Morel est héroïque… J'espère qu'il a raison !

– Pourquoi les hommes ne quittent-ils pas le bateau ? Où est Adriaan ? Il pourrait m'apporter la cage de Java !

– Oublie ton perroquet, me conseilla le tonnelier d'une voix lugubre.

Un matelot vint remettre au lieutenant un paquet de la part

 du capitaine. Il s'agissait d'une liasse de papiers et de deux tiroirs remplis de pièces d'argent destinées aux achats pendant les escales.

– Que vais-je faire de ça ? demanda mon oncle, déçu. J'aimerais mieux qu'on me donne une carte.

– J'obéis aux ordres, répondit l'homme en haussant les épaules.

Il se prépara à remonter, hésita, puis s'assit parmi nous.

– Vous aurez besoin de bras valides pour hisser la voile, marmonna-t-il autant pour le lieutenant que pour lui-même.

Personne ne l'obligea à regagner le *Geldermalsen*.

La chaloupe d'Urbanus se rapprocha. Le capitaine consentait enfin à y faire descendre, au bout d'un filin, un compas et trois petits barils d'eau douce. Quelques matelots en profitèrent pour y prendre place. Désormais, cette embarcation transportait quatorze personnes. Elle pouvait en charger le double, mais, pour l'instant, le capitaine n'en donnait pas l'ordre.

Nous restâmes longtemps accrochés à l'échelle de coupée. Maintenant, je frissonnais. L'anxiété me glaçait le cœur. J'appelai :

– Adriaan ! Adriaan !

Que faisait-il ?

L'idée m'effleura qu'il avait peut-être été broyé sous les débris du grand mât. Mes mains se souvinrent de la moiteur du ventre éclaté... Non, pas Adriaan ! Pas lui...

*

Le temps semblait s'être arrêté. On ne savait pas bien ce qu'on attendait.

Une voix nous tira de notre engourdissement :

– L'eau monte !

– Pompez ! N'arrêtez pas de pomper !

– Les hommes ont peur. Ils se sont tous rassemblés sur la dunette !

– Obéissez au capitaine ! Pompez, bougres de paresseux !

Vers minuit, la coque du *Geldermalsen* eut un soubresaut.

– Lâchez l'amarre, ordonna oncle Chris.

Le dernier marin monté à bord obéit. Immédiatement, le courant nous éloigna.

La lune s'était levée. Elle éclairait d'une lueur blafarde le bateau qui, privé de son grand mât, ressemblait à un infirme. Les braillements de l'équipage avaient cessé. Seul, le pouls de l'océan battait au rythme des vagues.

Nos yeux brûlaient à force de scruter la nuit. Le silence nous oppressait.

Et, tout à coup, la coque du *Geldermalsen* capota vers l'avant.

Une clameur nous parvint. Des hommes sautèrent par-dessus bord.

Le navire coula avec lenteur et majesté. Son mât de misaine pointa encore quelques minutes hors de l'eau, et puis, plus rien.

La stupéfaction et l'horreur nous rendaient muets.

Des naufragés nageaient vers nous.

– Souquez ! Souquez ! ordonna le lieutenant. Il faut les recueillir !

Des mains s'agrippèrent au canot. La chaloupe s'était approchée de nous.

– Montez sur l'embarcation d'Urbanus, ordonna le lieute-

 nant. Tant que le charpentier n'aura pas fini sa réparation, le canot ne pourra pas vous recueillir !

Huit gars furent hissés sur la chaloupe. Choqués, ils tremblaient de froid et de peur. Toute la nuit, nous ratissâmes la mer dans l'espoir de sauver d'autres vies. Des larmes coulaient malgré nous sur nos joues.

Je revoyais le visage d'Adriaan avec ses grands yeux doux... Je pensais à tous ceux qui avaient navigué avec moi et que je ne reverrais plus : le capitaine Morel, M. Delia, M. Helt, le second lieutenant, l'écrivain Johannes Hansz, le timonier, le lieutenant de fusiliers, le passager anglais, Richard Bagge, le maître coq et ses marmitons, les matelots, les soldats... Tous, ils avaient tous disparu sous mes yeux, engloutis à jamais.

Sentant combien j'étais choqué, oncle Chris passa son bras autour de mes épaules. Lui aussi luttait pour surmonter son émotion ; l'officier le plus gradé se devait de conserver son sang-froid, et cela dans n'importe quelle circonstance.

*

Quand le jour se leva, nous étions hébétés et transis. Plus rien n'indiquait qu'un drame avait eu lieu en cet endroit. Le courant avait emporté au loin les planches et autres objets flottants. Le brisant, cerné d'écume, se distinguait à peine. Aucune terre n'était visible à l'horizon.

Nous étions dix sur le canot que le charpentier avait enfin réussi à remettre en état. En tout, cela faisait trente-deux rescapés pour quatre-vingts disparus. Un terrible bilan.

La chaloupe vint s'amarrer à tribord. À cet instant, je découvris que le steward Arnold faisait partie des hommes sauvés in extremis.

Urbanus discuta avec oncle Chris.

– Nous avons une carte, annonça-t-il. M. Arnold a eu la bonne idée d'en prendre une avec lui, avant de sauter à l'eau.

– Magnifique, se réjouit mon oncle.

Le steward fit comme s'il n'entendait pas. Les yeux fixés au loin, il nous ignorait. Son nez me parut plus long et plus pointu que jamais.

« Vieil imbécile ! pensai-je, hors de moi. Pour qui te prends-tu ? »

Recroquevillés sur eux-mêmes, deux matelots, assis à l'avant, frissonnaient lamentablement.

– Je crois que nous ne sauverons plus personne... Qu'en pensez-vous, monsieur ? demanda le Corse à oncle Chris d'un ton découragé.

– Vous avez hélas raison. Nous allons hisser les voiles et mettre le cap sur Batavia. Nous naviguerons de conserve, sans nous perdre de vue. Passez-moi la carte !

Et c'est ainsi que, le mardi 4 janvier au matin, nous quittâmes le lieu du naufrage.

*

Les jours qui suivirent furent cauchemardesques.

Pendant la journée, le soleil tapait fort et la soif nous dévorait, mais la prudence nous obligeait à rationner l'eau. Il fut décidé que l'on ne boirait qu'une gorgée toutes les trois heures. Je trouvai difficile de résister à la tentation de vider d'un trait le verre que nous étions censés partager à deux ou trois. Les malades souffraient le martyre et, quand ils n'en pouvaient

 plus, ils plongeaient les mains dans l'océan pour boire de l'eau salée. Je pensais à Simon et à Bart. Eux, au moins, avaient été épargnés. Si je m'en sortais, j'avais une chance de les revoir. Je pensais aussi à maman et à Dorith, et je serrais les dents pour ne pas pleurer. Trois fois par jour, nous avions droit à un biscuit de mer. J'avais l'impression de manger un morceau de plâtre que je mastiquais longuement en me demandant comment nous allions tenir jusqu'à Batavia.

Nous avions aussi très peur de rencontrer des indigènes. Certaines populations étaient hostiles aux Blancs qui les avaient capturées, pour les réduire en esclavage, ou massacrées, pour leur voler leurs terres. En cas d'attaque, sans fusil, comment allait-on se défendre ?

Un soir, après nous être assurés qu'il était désert, nous débarquâmes sur un îlot. Nous voulions y rôtir le porcelet. Grâce à Dieu, oncle Chris avait des allumettes qu'il gardait au sec dans sa poche avec sa blague à tabac.

Les hommes valides préparèrent un feu et, quand les braises rougirent, on installa une broche. Le porcelet, égorgé avec le couteau du charpentier, fut empalé sur une tige. Ce fut si délicieux qu'en plaisantant, le fusilier Wilkens reprocha à Cornelis de n'en avoir pas recueilli un deuxième. Malheureusement, sur ce minuscule morceau de terre, on ne trouva rien pour compléter notre repas, ni fruits, ni eau douce, pas même une noix de coco.

Cette nuit-là, afin de permettre aux malades de se reposer en position allongée, on dormit sur la plage.

Le jour suivant, le vent était favorable et l'on repartit.

La cicatrice de Cornelis s'était rouverte. Urbanus dénicha un chiffon qu'il appliqua dessus pour en éponger le liquide qui suintait. Je ne pouvais m'empêcher de comparer cette blessure à celle de mon père et je dévisageai le soldat avec inquiétude.

– J'ai survécu à ma bagarre avec l'Anglais! J'ai survécu au naufrage du *Geldermalsen*! Ce n'est pas maintenant que je vais crever! Je sais que je reverrai la Hollande! me lança-t-il, agacé.

– Personne n'en doute, répondit oncle Chris, rassurant.

Nous avancions à bonne allure. Chaque jour, vers midi, Urbanus et le lieutenant faisaient le point.

Quand nous n'eûmes plus une goutte d'eau, nous nous arrêtâmes sur la côte ouest de l'île de Sumatra. Urbanus et trois soldats s'enfoncèrent dans la jungle dense et inhospitalière qui recouvrait cette terre. Leur absence nous parut d'autant plus longue que nous étions très anxieux. Sous le soleil brûlant, nous les attendions en imaginant le pire. Pour me distraire, j'examinais l'eau transparente avec attention :

– Il y a des poissons ici. On devrait pêcher! m'écriai-je.

– Avec quoi? demanda le charpentier d'un ton bourru. On n'a ni filet, ni hameçon. Essaie avec tes mains, si ça te chante!

Quand nos hommes réapparurent, ils avaient un large sourire. Urbanus raconta :

– Derrière la mangrove, nous avons traversé un marais. Par chance, nous n'avons rencontré ni crocodile, ni serpent, mais

 un indigène qui se promenait seul. Il a eu si peur de nous qu'il a cherché à s'enfuir. Il a fini par comprendre que nous ne lui voulions aucun mal, et il nous a indiqué une source d'eau douce. Passez-moi le tonneau ! Je vais le remplir.

— Il n'aurait pas un peu de nourriture à nous vendre ? demanda oncle Chris.

— Non, rien. Il cueillait des feuilles. C'est sûrement un sorcier en quête de plantes médicinales pour sa tribu.

L'eau de la jungle était tellement meilleure que celle que nous transportions depuis Canton que ce fut un vrai délice. Maintenant, nous souffrions tous de brûlures dues au soleil. Mes lèvres se couvraient de croûtes sanguinolentes, et, quand je mettais ma chemise sur ma tête pour mieux me protéger, c'étaient mes épaules qui devenaient écarlates.

Les mains et les jambes de nos malades enflaient. Cornelis n'osait plus regarder sa plaie qui était devenue violette et boursouflée.

Oncle Chris et Urbanus s'escrimaient à soutenir le moral vacillant des hommes. Ils réussirent même à les faire sourire une ou deux fois.

M. Arnold était le seul à se tenir toujours à l'écart. Il ne demandait rien à personne et ne faisait rien pour personne. Il subissait notre aventure avec cet air de perpétuelle indifférence, derrière lequel il dissimulait le fond de sa pensée.

— Quel drôle de type, fis-je remarquer à mon oncle.

— Il ne manque pas de dignité, décréta oncle Chris.

— Vous trouvez ? C'est un parfait égoïste !

— Il n'est pas gênant. C'est déjà beaucoup !

Enfin, au bout de six jours de cette navigation de fortune, alors que nous commencions
à perdre l'espoir de nous en sortir, nous attei-
gnîmes l'île d'Edam.

Quel soulagement ! Nous étions sauvés et
nous allions enfin pouvoir soigner les malades, que la chaleur et le manque de nourriture avaient beaucoup affaiblis.

Un groupe de Hollandais nous offrirent du riz, de la viande
et des boissons. Ensuite, ils trouvèrent un bateau pour nous
transporter à Java.

Le 11 janvier 1752, nous entrions dans la baie de Batavia.

Chapitre 18

Un conseiller de la Compagnie nous accueillit. Il s'occupa d'abord des malades, qui nous quittèrent pour se rendre à l'hôpital.

– Tu viendras me rendre visite ? m'implora Cornelis.

– Bien sûr, promis-je.

Le pauvre souffrait tant qu'il pouvait à peine marcher.

Urbanus, mon oncle et moi, nous fûmes séparés des autres rescapés. On nous conduisit vers une annexe de la maison de la Compagnie. Nos chambres, étroites et plutôt délabrées, comportaient le strict nécessaire : des couchettes sans moustiquaire, une table, une chaise, un broc et une cuvette. Nos fenêtres, grillagées, découpées dans la partie supérieure des portes, donnaient sur une arrière-cour gardée, nuit et jour, par des soldats.

# – On se croirait en résidence surveillée,
s'étonna oncle Chris.
– Depuis que nous sommes à Batavia, j'ai le
sentiment qu'on nous bat froid, remarqua
Urbanus. Je trouve étrange que les rescapés
d'un naufrage soient si mal accueillis !
– Les gens n'ont pas compris l'ampleur du drame que nous
avons vécu. Demain, nous leur expliquerons ce qui est arrivé,
et je pense qu'ils se montreront plus attentionnés, répondit le
lieutenant, qui trouvait toujours des excuses à tout le monde.
Nous nous installâmes, chacun dans une cellule, où le repas
qui nous fut servi me changea agréablement des biscuits de mer.

*

Le lendemain, Urbanus et oncle Chris furent convoqués
par le juge de la V.O.C., et, comme à midi, ils n'étaient toujours pas de retour, je décidai de sortir en ville. Un soldat me
barra la route.
– Je vais me promener, expliquai-je. Je vais rendre visite à
M. Anthony Van Grauw. C'est un ami.
Le soldat alla délibérer avec son chef et, à la fin, on m'ouvrit la grille. Heureusement car je commençais à m'inquiéter... Pourquoi cette méfiance ? Je n'étais pas un voleur, ni un
assassin !
Sans trop m'attarder sur ces bizarreries, je redécouvris ce
Batavia qu'Adriaan m'avait fait connaître. Il était alors mon
guide et mon gardien. Il m'indiquait les quartiers où je pouvais me rendre sans crainte et les rues qu'il valait mieux éviter. Avec lui, je me sentais en sécurité.
Rien qu'à ces souvenirs, je sentis ma gorge se serrer. J'avais
perdu un véritable ami. Sans lui, j'aurais beaucoup moins

bien supporté les difficultés de certains jours en mer. Et puis, il n'avait pas tort de chercher à m'ouvrir les yeux avec ses idées généreuses.  Il voulait m'arracher à mon égoïsme, m'obliger à me soucier davantage du reste du monde.

Pensif, j'arrivai chez M. Anthony.

Le portier était nouveau. Il me pria d'attendre sur le perron, tandis qu'il allait demander à son maître s'il voulait bien me recevoir. Au bout d'un quart d'heure, enfin, M. Anthony entrebâilla la porte.

– Jan, quel plaisir ! Excuse-moi, mais je suis très pressé... J'ai un rendez-vous important. Que veux-tu ? demanda-t-il en s'immobilisant sur le seuil pour me montrer qu'il ne me laisserait pas entrer.

– Vous savez que nous sommes de nouveau à Batavia, oncle Chris et moi, parce que le *Geldermalsen* a fait naufrage ?

– Je sais, je sais. C'est épouvantable.

– On nous a logés dans les chambres de passage de la Compagnie. Je pense que mon oncle serait content de vous voir. Il a besoin d'amis comme vous. Ce qui est arrivé l'a bouleversé, dis-je aussi aimablement que possible.

– Je comprends, je comprends. Cette histoire est affreuse. Tu diras à ton oncle que j'irai lui rendre visite, dès que je le pourrai. Je pense beaucoup à lui. Je ne te retiens pas, parce que je suis attendu à l'autre bout de la ville. Au revoir, Jan. À bientôt.

Je n'insistai pas.

Avait-il vraiment un rendez-vous urgent ou inventait-il ce prétexte pour me voir tourner les talons ? Difficile de le savoir.

Je commençais à être ébranlé par le peu d'intérêt que l'on nous témoignait. Est-ce que la mort de quatre-vingts hommes et la perte d'un navire ne comptaient pas pour la Compagnie ?

Il me semblait que le lieutenant et le maître d'équipage auraient dû être félicités pour avoir sauvé et ramené trente personnes à Batavia. Ils méritaient même une décoration.

*

Quand mon oncle et Urbanus rentrèrent, ils avaient l'air exténués.

L'habituel optimisme d'oncle Chris avait disparu. Dans ses yeux, je lisais de l'abattement. Urbanus n'en menait pas large non plus.

– La séance n'a pas été des plus agréables, m'expliqua-t-il. C'était comme si on nous reprochait d'être encore en vie !

– Mais pourquoi ?

– Je l'ignore. On nous a questionnés pendant cinq heures d'affilée. Un véritable interrogatoire !

– Que cherche-t-on ?

– La vérité, dit sombrement oncle Chris. Nos supérieurs sont persuadés que nous arrangeons les choses à notre guise. Demain, nous aurons une autre séance. J'espère que ça se passera mieux.

Il tenta de me rassurer, essaya de sourire, mais ce fut une grimace qui étira sa bouche.

Pour ne pas le perturber davantage, je ne pipai mot de ma visite chez M. Anthony. Maintenant, je comprenais mieux la réaction du subrécargue ; il s'alignait sur l'attitude soupçonneuse des directeurs de la Compagnie. Mais que voulait-on faire avouer au lieutenant et au maître d'équipage ? Je décidai de les accompagner à la prochaine séance pour le savoir.

*

La réunion eut lieu dans une sorte de bibliothèque de la Compagnie. Trois personnes nous attendaient : un juge, un conseiller et un directeur. Ils ne s'opposèrent pas à ma présence. Sans manifester beaucoup de chaleur, ils nous saluèrent, nous offrirent un jus d'orange, puis s'adressèrent à oncle Chris.

– Lieutenant, vous comprendrez qu'il y a beaucoup de points à éclaircir concernant le naufrage du *Geldermalsen*. Nous sommes donc obligés de vous demander de nous donner le récit exact de ce qui s'est passé, depuis le moment où vous étiez de quart, au début de l'après-midi du 3 janvier. Veuillez nous détailler, minute par minute, les événements, tels qu'ils se sont déroulés.

Mon oncle commença d'une voix grave :

– À la mi-journée, nous avions mesuré notre latitude et nous avions conclu que nous étions à 1° au nord de l'équateur.

– Quand vous dites « nous », de qui s'agit-il ? coupa le directeur.

– De moi-même et du second lieutenant, M. Helt.

– Qui n'est pas là pour confirmer vos dires !

Je vis qu'oncle Chris avalait sa salive pour garder son calme.

– Non, le malheureux est mort.

– Parlons de votre longitude ? Comment l'avez-vous calculée ? Êtes-vous certain d'avoir vu à l'horizon l'île de Het Ruyge ?

– Le capitaine Morel, M. Helt et moi-même avions estimé ensemble notre longitude. Cela faisait déjà dix-huit jours que

 nous naviguions... Difficile donc d'être parfaitement précis ! Nous étions au large de Het Ruyge. Je suis certain d'avoir distingué le profil de cette terre au nord-ouest.

– Vous vous êtes peut-être trompé... Vous pouvez avoir confondu l'île avec des nuages...

– On peut toujours se tromper, reconnut mon oncle.

Les questions, plus ou moins pertinentes, continuèrent à fuser. En dépit des efforts de mon oncle et d'Urbanus pour livrer un maximum de détails, l'ambiance était à la suspicion. Je le supportais mal.

Vers la fin de la matinée, le juge but un verre d'eau, se redressa sur son siège et reprit l'interrogatoire.

– Monsieur Van Dijk, est-ce vraiment le capitaine Morel qui a donné l'ordre de cingler vers le sud ?

– Mais oui... répondit mon oncle, décontenancé.

– Vous auriez tout aussi bien pu prendre cette initiative ! Par ailleurs, vous aviez des cartes. Elles indiquent assez clairement que la région est parsemée de rochers qui affleurent à peine. Comment avez-vous pu oublier toute prudence dans cette zone ?

– Le capitaine semblait sûr de son fait.

– Le capitaine a bon dos, monsieur. Le premier choc a eu lieu vers dix-neuf heures et le bateau a coulé à minuit passé. Comment se fait-il que vous ayez sauvé si peu d'hommes ? Il y avait encore de la place sur la chaloupe et le canot !

Le ton de son interlocuteur devenait de plus en plus acerbe. Oncle Chris luttait pour ne pas se laisser désarçonner.

– Le canot prenait l'eau...

– Cette excuse est ridicule. Le charpentier a réparé la fuite en quelques heures et le canot est arrivé sans encombre jusqu'à Edam...

– C'est exact. N'empêche que, tant que la voie d'eau n'a pas été colmatée, on ne pouvait prendre le risque de le surcharger. Croyez-moi, j'ai beaucoup insisté pour que le capitaine ordonne à d'autres matelots de monter à bord des embarcations de sauvetage, mais il n'a rien voulu entendre.

– À votre avis, pourquoi ?

Oncle Chris hésita :

– Je ne sais pas exactement ce que pensait le capitaine... Depuis, j'ai réfléchi à cela... J'en ai déduit que... M. Morel espérait tenir jusqu'au lever du jour. S'il avait la chance de se trouver à proximité d'une terre, il pouvait tenter de s'y réfugier. Ainsi, il aurait sauvé son équipage et sa cargaison... Mais, pour réaliser cet exploit, il avait besoin de bras. C'est peut-être la raison pour laquelle il n'a pas voulu se séparer des hommes valides qu'il avait à bord.

– Cette hypothèse est peu convaincante. Avouez que vous avez coupé un peu vite l'amarre qui vous retenait au *Geldermalsen*, et que le courant vous a fait dériver. Cela explique que vous n'ayez pu secourir personne quand le navire a coulé. Heureusement, la chaloupe, elle, a recueilli les huit hommes qui ont nagé vers elle.

– Je suis resté attaché à l'échelle de coupée jusqu'au premier ébranlement du navire. À ce moment, il est vrai que je me suis éloigné pour ne pas risquer d'être entraîné au fond de l'eau... mais j'ai tout de même été à la rencontre des

naufragés. Je les ai aidés à monter sur la chaloupe. Ensuite, pour essayer d'en sauver davantage, j'ai parcouru la zone durant toute la nuit. Malheureusement, sans succès.

– Cette histoire, monsieur, est fort troublante. Comment peut-on, par beau temps, perdre de cette manière, un navire et quatre-vingts hommes ? Ça dépasse l'entendement !

Oncle Chris se ratatina sur son siège. Il semblait à cours d'arguments.

Urbanus intervint.

– Je confirme tout ce que vient de dire le premier lieutenant, lança-t-il.

Nos trois vis-à-vis dévisagèrent le Corse avec mépris. Son apparence, à laquelle j'étais si habitué, les dérangeait. Ce grand type musclé avec ses tatouages, ses anneaux dans les oreilles, ses cheveux tressés et noués par des cordelettes ne leur inspirait aucune confiance.

Le directeur ne fit aucun cas des propos du Corse. Se tournant vers oncle Chris, il demanda :

– Monsieur Van Dijk, saviez-vous que le *Geldermalsen* transportait un trésor qu'il devait remettre à un navire dans le détroit de la Sonde ?

– J'étais au courant.

– Qu'est-il advenu de la caisse contenant les lingots d'or ? Êtes-vous certain de ne pas avoir tenté de vous approprier ce trésor ?

Cette fois, mon oncle haussa le ton :

– Comment pouvez-vous m'accuser d'une chose pareille ? Qui songeait à cet or, quand le bateau coulait ?

– Il s'agissait tout de même d'un trésor d'une grande valeur, monsieur. Il est très étrange que personne ne s'en soit soucié au moment du naufrage.

– Si le capitaine nous avait confié le trésor, nous l'aurions rapporté ! se défendit le lieutenant.

– Vous l'avez peut-être caché sur une île, avec le projet d'y retourner pour vous en emparer plus tard !

– Je ne suis pas un voleur ! Si j'avais agi ainsi, les autres rescapés le sauraient puisque nous avons tous navigué ensemble jusqu'à l'île d'Edam.

J'étais atterré. Qu'est-ce qui passait par la tête des directeurs ? Comment pouvaient-ils émettre de si graves accusations, sans la moindre preuve ?

– Je vous assure, messieurs, s'enhardit Urbanus, aussi choqué que moi par la tournure de l'entretien, que nous n'avons jamais eu de trésor en notre possession. Nous n'en avons pas vu la couleur !

Le conseiller le pria de se rasseoir.

– Sur quel brisant pensez-vous vous être échoués ? demanda le juge.

– Sur le rocher de Geldria, hésita mon oncle. Je ne vois pas très bien ce que ça pouvait être d'autre.

– Et vous, monsieur Urbani ? Quel est votre avis ?

Le maître d'équipage se donna une seconde pour répondre :

– Je n'en sais rien... Ça n'aurait pas dû être le Geldria, puisqu'on croyait l'avoir dépassé, mais c'était peut-être quand même ce fichu récif !

– Vous comprendrez, messieurs, que votre manque de précision soit pour nous, qui devons juger cette affaire, d'un piètre

 secours. Vous pouvez disposer. La séance est levée. Nous la reprendrons demain.

Nous regagnâmes nos chambres.

– Je n'arrive pas à y croire, se plaignit oncle Chris. Pourquoi sont-ils si soupçonneux à mon égard ? Je ne pense vraiment pas avoir mal agi... à aucun moment.

J'examinai mon oncle et j'avoue que son état m'inquiéta. Il me parut vieilli. Des rides, que je ne connaissais pas, creusaient son front, et ses yeux reflétaient un profond désarroi. Il décréta qu'il était très fatigué et nous quitta tôt, ce soir-là, pour aller se coucher.

Tandis qu'il s'éloignait, une envie de pleurer me saisit. Je me sentis rempli de haine à l'égard des directeurs qui l'écrasaient de leur mépris.

Chapitre 19

Le lendemain, je décidai d'aller prendre des nouvelles de Cornelis.

Je quittai notre établissement vers dix heures pour me diriger vers le nord-est de la ville. En longeant le grand canal, je contemplai les résidences imposantes qui le bordaient. Leurs frontons défiaient les passants et, pourtant, certains me parurent lézardés. Une moisissure verte envahissait les murs. L'odeur écœurante de la pourriture, que charriait l'eau brune, empoisonnait la ville.

Batavia, cette ville si fière de ses richesses, présentait, comme me l'avait fait remarquer Adriaan, des signes de déclin.

Tandis que je marchais, les paroles de mon ami me revenaient en tête.

 « La Compagnie des Indes n'a pas le droit de sacrifier tant de marins et de soldats à ses seuls intérêts ! »

Qu'aurait-il dit en apprenant que pour couronner le tout, quand un navire faisait naufrage, les rescapés étaient traités comme des parias ? L'injustice dont mon oncle était victime me rendait fou. La tête bouillonnante de révolte, je traversai la ville.

Je montai vers les collines sur lesquelles se trouvait le nouvel hôpital. L'air y était pur, bien qu'à peine moins étouffant qu'en ville.

Je demandai à un infirmier où trouver Cornelis Pietersz et Govert Boswinkel, nos malades les plus mal en point. Il sortit consulter un registre et revint bientôt.

– Désolé, dit-il. Les deux personnes que vous cherchez sont décédées.

Interloqué, j'insistai :

– Vous en êtes sûr ? Ce n'est pas possible !

– Venez voir.

Il feuilleta son gros livre.

– Voyez vous-même. Cornelis Pietersz est mort le 15 janvier et Govert Boswinkel, le 16 janvier 1752.

Je m'attendais à ce que Cornelis ne guérisse pas de sa blessure, mais, tout de même, il ne me semblait pas mourant. Quant à Govert, qui pouvait imaginer qu'il serait emporté en six jours ? La nouvelle fut un coup de plus que j'eus du mal à digérer. Je quittai l'établissement et errai dans les alentours, histoire de calmer ma colère. Au bout d'un moment, je décidai de retourner chez Anthony Van Grauw pour lui demander de l'aide. Le subrécargue pouvait influencer les directeurs de la Compagnie. J'étais persuadé qu'en leur parlant favorablement de mon oncle, il lui éviterait de nouvelles humiliations.

Il descendit en robe de chambre dans le hall où je l'attendais depuis une bonne demi-heure.

– Jan, quel bon vent t'amène ? dit-il avec un sourire forcé.

– Je voulais vous parler, répondis-je, intimidé malgré moi. Mon oncle a des problèmes et, comme vous le connaissez bien, j'ai pensé que vous pourriez l'aider.

Immédiatement, il se rembrunit.

– Je ne connais pas si bien le lieutenant... J'ai navigué deux fois avec lui. Ce n'est pas suffisant pour affirmer que nous sommes de grands amis, répondit-il avec sa prudence coutumière.

Je l'avais donc bien cerné : ses bonnes manières dissimu-laient un hypocrite qui aimait faire croire qu'il entretenait d'excellentes relations avec tout le monde, mais qui, en réa-lité, ne se compromettait pour personne. Son confort et sa position de parvenu lui plaisaient trop pour prendre le moindre risque.

– Vous savez quand même que c'est un honnête homme !

– Bien sûr, bien sûr. Mais, je ne peux pas garantir qu'il ait eu une conduite irréprochable lors du naufrage du *Geldermalsen*, vu que je n'y étais pas.

Ainsi, il savait parfaitement de quoi je voulais lui parler !

– Écoute, Jan, continua-t-il. Je suis navré de ce qui est arrivé mais il est normal que la direction de la V.O.C. veuille connaître tous les détails de cette catastrophe. Si ton oncle n'a rien à se reprocher, le juge s'en rendra compte et tout

rentrera dans l'ordre. Sois confiant ! La Compagnie ne punit que ceux qui le méritent. Allons, rentre chez toi.

Je le quittai, hors de moi ! Décidément, le naufrage du *Geldermalsen* me forçait à réviser mes idées sur les hommes. Je perdais une à une mes illusions. Pour bien marquer mon mépris pour le subrécargue, je crachai sur son perron.

À la maison de la Compagnie, je tombai sur Urbanus qui venait de subir un interrogatoire serré.

– Ils ne me lâchaient pas… Il a fallu que j'explique en long et en large le saccage du *Standvastigheid* et la décision du capitaine de soudoyer seize Anglais pour se venger de cet affront. Étant donné que plusieurs de ces hommes sont morts, la V.O.C. devra fournir des explications à la Compagnie de Grande-Bretagne et, forcément, c'est très embarrassant !

*

Le 15 février, les rescapés furent convoqués à une séance dans la grande salle de conférence de la Compagnie. Oncle Chris s'en réjouit.

– Une confrontation avec tout l'équipage pourrait changer le cours des choses. Je suis certain que les marins réfuteront les accusations portées contre moi et qu'enfin la direction de la Compagnie y verra clair !

Nous fûmes vingt-cinq à répondre à la convocation des hauts dignitaires. Ceux-ci se composaient du directeur de la Compagnie, un homme d'une quarantaine d'années au visage sévère, d'un juge vêtu de noir, d'un avocat à la barbiche pointue et de quelques conseillers et subrécargues, dont M. Anthony Van Grauw, qui s'arrangea pour ne jamais croiser le regard de mon oncle. Une telle assistance me fit prendre conscience de l'importance de cette réunion.

Quand tout le monde se fut assis, oncle Chris dut une nouvelle fois raconter ce qui s'était passé durant les heures qui avaient précédé le désastre. Le juge l'interrompit à plusieurs reprises pour vérifier si l'assemblée partageait son point de vue.

– Messieurs, demanda-t-il aux hommes qui l'écoutaient respectueusement, est-ce bien le capitaine qui a donné l'ordre de lancer le *Geldermalsen* à vive allure, après avoir dépassé l'île de Het Ruyge ?

Un marin, nommé Gerrit Rinks, leva la main et répondit qu'il avait entendu M. Morel donner cet ordre.

Je vis le visage d'oncle Chris se détendre.

– Messieurs, intervint le juge, lorsqu'il fut question de la confusion qui régnait sur le navire à la suite du premier choc, qui a voulu couper l'écoute de foc ?

Personne n'eut l'air de le savoir.

– Messieurs, insista le juge, est-ce le lieutenant, ici présent, qui a donné cet ordre ?

– Non, cria un soldat.

– Comment pouvez-vous affirmer que ce n'était pas lui ?

– Parce que j'étais à côté du lieutenant. Je l'ai entendu crier : « Non, pas l'écoute de foc ! »

Il y eut une sorte de rumeur dans la salle, que le directeur fit taire d'un geste de la main. Oncle Chris poursuivit son récit, d'un ton plus assuré.

– Messieurs, interrompit de nouveau le juge, pensez-vous qu'un plus grand nombre d'hommes auraient pu être sauvés ?

– Oui, hurla l'assemblée en chœur.

– Pourquoi cela n'a-t-il pas été le cas ? Levez la main si vous avez une explication à fournir.

Deux soldats et le charpentier répondirent à tour de rôle :

– Le capitaine ne semblait pas pressé…

– Il jurait que le *Geldermalsen* ne coulerait pas !

– Le canot prenait l'eau !

Le directeur et l'avocat commentèrent entre eux ces propos.

– Messieurs, s'enquit le juge, saviez-vous que le *Geldermalsen* transportait un trésor de cent quarante-sept lingots d'or, qui devait être remis à un navire, dans le détroit de la Sonde ?

Les hommes écarquillèrent les yeux de surprise.

– Non… Non… On ne savait pas…

– Ce secret a donc été bien gardé, émit l'avocat d'un ton douteux.

J'entendis du bruit derrière moi. Quelqu'un s'était levé en faisant tomber une chaise.

– Avez-vous quelque chose à dire, monsieur Arnold ? demanda le juge.

Tous les regards se tournèrent vers le steward.

– Oui, monsieur le juge. Quand le *Geldermalsen* se remplissait d'eau, le capitaine m'a prié d'aller chercher dans sa cabine une caissette et de la poser près de l'échelle de coupée.

Un silence accueillit cette déclaration.

– Expliquez-nous cela, pria le juge.

L'attention de l'auditoire était à son comble. Le steward attendit une seconde pour mieux savourer la surprise que son intervention avait causée. Il continua :

– Le navire était sur le point de couler, les hommes couraient dans tous les sens. Le capitaine a ordonné à un marin de m'accompagner. Je me suis rendu dans sa cabine où j'ai trouvé la caisse dont il parlait. Elle était affreusement lourde. Nous l'avons hissée, avec difficulté, sur le pont. Je ne savais pas ce qu'elle contenait, mais j'ai tout de suite supposé qu'il s'agissait d'objets de valeur.

– La caisse a-t-elle été fixée au bastingage ?

Le steward hésita avant de répondre :

– Non… Ce n'était pas nécessaire parce qu'il n'y avait pas de roulis.

– Que s'est-il passé ensuite ?

– Je ne sais pas. J'ai cru comprendre que le capitaine voulait la faire charger sur le canot… mais le canot était parti.

Une huée monta dans la salle.

– Ouh ! Ouh ! Ouh ! Il ment !

– Silence ! ordonna le juge. Qu'avez-vous fait ensuite, monsieur Arnold ?

– J'ai cherché une carte sous l'habitacle, et je suis monté sur la dunette avec le reste de l'équipage. L'eau nous envahissait de plus en plus. Il est possible que le *Geldermalsen* ait capoté avec le trésor sur le pont, là où je l'avais laissé… comme il est possible que quelqu'un ait mis la main dessus, ajouta-t-il d'un ton chargé de sous-entendus. L'occasion était trop belle !

J'étais abasourdi par ce que je venais d'entendre.

– Qui, parmi vous tous ici rassemblés, a remarqué cette caisse ? interrogea l'avocat en balayant l'assemblée du regard.

Personne ne leva la main.

 – Et vous, lieutenant, qu'avez-vous à répondre à cela ? demanda le juge à mon oncle. Avez-vous, oui ou non, vu cette caisse ?

Le lieutenant se leva. Il était blême.

– Étant donné que j'étais sur l'eau, je ne pouvais pas la voir... Pas plus que M. Arnold ne pouvait, sans se pencher, apercevoir le canot amarré à l'échelle de coupée. Je le répète, je suis resté à côté du navire jusqu'au moment où il a sombré, et le trésor n'a jamais été descendu sur le canot.

Quelques matelots commentèrent entre eux les paroles du steward. Certains se mirent à rire. Les dignitaires semblaient pressés d'en finir. Ils délibérèrent entre eux, puis le directeur fit taire le brouhaha qui s'intensifiait.

– Je remercie l'assemblée d'avoir répondu à nos questions. La séance est levée, annonça-t-il.

De la main, il invita les hommes à se retirer. Nous lui obéîmes. Dans le couloir, plusieurs matelots et soldats entourèrent mon oncle :

– Vous avez très bien parlé, monsieur ! le félicita un type râblé.

– On sait qui dit la vérité ! ajouta son voisin.

Oncle Chris serra quelques mains.

– Ne soyez pas inquiets pour moi, dit-il. Le plus important, c'est que vous soyez vivants ! On m'a promis que vous seriez rapatriés dans peu de temps. Merci, mes amis !

Au dîner qui nous réunit, Urbanus, oncle Chris et moi, nous commentâmes abondamment la séance.

– J'espère que nos directeurs feront la part des choses ! conclut mon oncle. Quoi qu'il en soit, j'ai confiance.

Je me demandai où il puisait la force de résister à toutes ces attaques.

On nous avertit que la Compagnie rendrait son verdict le 17 février. Ensuite, elle enverrait un rapport complet de l'affaire à Amsterdam.

Oncle Chris attendit avec sérénité ce dernier rendez-vous, persuadé que, cette fois, le juge en savait assez pour rendre une justice objective.

*

Le jour du jugement, j'accompagnai oncle Chris et Urbanus.

Dans le couloir de la grande salle, une dizaine de nos matelots et soldats attendaient, comme nous, l'ouverture des portes. Parmi eux, il y avait M. Arnold, le tonnelier et le charpentier, quelques soldats dont le fusilier Harmen Wilkens.

Quand on nous fit entrer dans la grande salle, je ne m'assis pas à côté de mon oncle, au premier rang, mais je restai debout contre le mur du fond, loin des autres.

La haute instance, qui avait présidé les instructions précédentes, entra.

Cette fois, le juge portait une perruque et une toge noire. Le directeur, l'avocat et une demi-douzaine de conseillers avaient revêtu des redingotes, dans lesquelles ils transpiraient tant qu'ils s'essuyaient à tout bout de champ le visage avec leur mouchoir. Bien que l'instant fût grave, cette mise en scène me parut un peu exagérée.

Le directeur ouvrit la séance avec un petit discours. Il nous rappela que la Compagnie des Indes orientales de Batavia représentait l'autorité suprême en cette partie du monde et que ses décisions ne pouvaient être contestées.

Après cette mise au point, le juge prit la parole.

– Messieurs, je vous avouerai que l'enquête que nous avons menée, mes collègues et moi-même, sur les causes du naufrage du *Geldermalsen*, n'a pas été facile. Encore maintenant, nous ne comprenons pas comment un navire en bon état a pu sombrer, par beau temps et mer calme, dans un endroit bien connu des marins et parfaitement cartographié ! Cela reste un mystère ! En attendant, cette affaire représente une perte sèche de 950 000 guilders pour la V.O.C., sans parler des quatre-vingts hommes qui y ont laissé leur vie. Notre émoi et notre mécontentement sont donc parfaitement légitimes.

Avant d'aller plus loin, je veux, au nom du gouverneur, du directeur, de tous les conseillers de la Compagnie et de moi-même, saluer le grand courage dont le capitaine Morel, ses officiers et son équipage ont fait preuve. Ils se sont conduits en héros, sans céder à la panique, alors que l'eau entrait à flots dans les entrailles du navire.

Nous nous souviendrons de chacun d'entre eux. Nous promettons aux familles endeuillées qu'elles seront promptement dédommagées pour les pertes qu'elles ont subies.

Il s'éclaircit la voix, puis reprit :

– Malgré les nombreuses questions que nous avons posées aux survivants, nous pensons que toute la vérité n'a pas été dite. Les rescapés nous cachent une partie des faits. Leurs témoignages ne concordent pas. Nous sentons que les uns couvrent ou accusent les autres, nous empêchant de tirer les choses au clair. Une foule de questions demeurent sans réponses. Pourquoi le *Geldermalsen* a-t-il déployé toute sa voilure sur une mer hérissée de brisants ?

Pourquoi, après le premier choc, une seconde collision n'a-t-elle pu être évitée ? Qu'est-il arrivé à la caisse contenant les lingots d'or ?

En plus de ces faits obscurs, un point nous paraît tout à fait inadmissible : le trop petit nombre de rescapés. Pour l'expliquer, nous avons conclu que le canot et la chaloupe ont été emportés au loin par le courant, si bien que seuls quelques bons nageurs ont eu la chance de s'en sortir. Nous estimons que les survivants ont manqué à tous leurs devoirs en quittant trop vite le lieu du désastre.

Il dut hausser la voix pour couvrir le murmure qui montait.

– Cela étant dit, nous considérons que : le lieutenant, Christoffel Van Dijk, en tant qu'officier de marine le plus gradé et le fusilier, Harmen Wilkens, en tant que soldat le plus gradé, portent tous deux la lourde responsabilité du nombre restreint d'hommes sauvés. MM. Christoffel Van Dijk et Harmen Wilkens méritent donc d'être punis. À partir de cet instant, Chritoffel Van Dijk est dégradé et redevient un simple matelot. Il est privé de sa solde, de son port permis et de sa pacotille. Harmen Wilkens est également dégradé, pour redevenir simple soldat. Il est privé de sa solde et de tous les avantages qu'il espérait retirer de ce voyage. Un rapport sur cette affaire sera remis à la direction de la Compagnie d'Amsterdam. En remerciant l'assemblée de son attention, je déclare cette affaire jugée.

Il se tourna vers ses collègues. Ceux-ci hochèrent la tête en signe d'approbation.

 Je voyais le dos de mon oncle. Il semblait ployer sous une charge écrasante. Un immense désespoir m'envahit. J'eus envie de hurler à l'injustice. Mais, comme toute l'assistance, pétrifiée par ce qu'elle venait d'entendre, je demeurai silencieux.

Quand la haute instance se retira, les hommes entourèrent leur ancien premier lieutenant et le malheureux Wilkens, qui ne s'attendaient pas plus l'un que l'autre à ce verdict. Urbanus aida oncle Chris, qui chancelait sous le choc, à se lever.

– Je me demande, dit-il assez fort pour être entendu de tous, ce qui me vaut d'avoir été épargné ? Je dirigeais la chaloupe alors, pourquoi punit-on Wilkens ? C'est à n'y rien comprendre ! La Compagnie avait besoin de coupables et malheureusement, le sort est tombé sur vous, monsieur Van Dijk ! Nous, vos marins, nous savons que vous ne méritez pas cette sentence. Nous vous conservons notre respect et notre attachement. Quand nous arriverons à Amsterdam, nous ferons notre rapport sur ce qui s'est passé. Il sera différent de celui que va envoyer la direction de Batavia !

– Bravo ! cria le tonnelier. Vive notre premier lieutenant !

– Bravo ! Bravo ! Vive M. Van Dijk ! Vive M. Wilkens ! reprirent les hommes en chœur.

Je crois que les marins réussirent à rendre un peu de courage à mon oncle. Il releva la tête, une esquisse de sourire au coin des lèvres. D'un pas digne, il se dirigea vers la sortie, où je le rejoignis. Quand il m'aperçut, il croisa mon regard, et je lus une interrogation muette dans ses yeux. Je me jetai dans ses bras. Il me serra contre lui sans rien dire.

*

Durant les jours qui suivirent, oncle Chris resta prostré dans sa chambre. C'était un homme cassé, que je ne reconnaissais plus.  Lui, qui aimait tant m'expliquer des tas de choses, ne m'adressait la parole que pour l'essentiel. J'évitai toute allusion au procès. Urbanus, à qui je confiai combien l'état de mon oncle m'inquiétait, tenta de me rassurer :

– Il lui faudra du temps pour encaisser ce coup. Mais je le connais, il s'en remettra. C'est un homme qui a le sens de l'honneur. Comme il est sûr d'avoir agi au mieux de sa conscience, il surmontera cette épreuve. Tu verras qu'il pardonnera même à ses juges !

Quelques jours plus tard, Urbanus nous annonça qu'il allait rejoindre l'équipage du *Wiltrijk*, qui rentrait en Europe. Plusieurs autres matelots partiraient avec lui.

Cette nouvelle acheva de me désemparer. Maintenant que mon oncle était fragilisé, j'appréciais beaucoup le soutien du maître d'équipage. Qu'allais-je devenir sans lui ?

*

Peu avant le départ du *Wiltrijk*, Roelof Ponder, le soldat qui avait pris la défense d'oncle Chris lors de la grande réunion du 15 février, frappa un soir à nos portes.

– Que se passe-t-il ? demanda Urbanus en apparaissant dans le couloir.

– Il est arrivé une mauvaise chose à M. Arnold, annonça l'homme d'un ton faussement contrit.

– Quoi donc ? demandai-je.

– Il a été attaqué à la sortie d'une taverne par une bande de voyous. On l'a volé et roué de coups. Il va mal !

Oncle Chris ne s'était pas manifesté. Il devait déjà dormir.

– Attendez ! Que voulez-vous dire ? Il est blessé ? réagit Urbanus.

– Pire ! Il est presque mort !

– Sait-on qui a fait ça ?

– Non... Des ivrognes sans doute... Ils ont filé ! Il faut annoncer ça au lieutenant, ajouta Roelof, avec une satisfaction de plus en plus évidente.

– Je ne vais pas réveiller le lieutenant à cette heure ! D'ailleurs, je ne suis pas certain que la nouvelle l'enthousiasmera, commenta le Corse.

– Arnold a payé pour ses fausses accusations ! ricana le soldat à l'haleine avinée. C'est un pervers, un vicieux ! Y a longtemps qu'on aurait dû le pendre haut et court !

Le Corse refusa d'entrer dans la discussion et le repoussa :

– Allez-vous-en, Roelof ! Ce n'est pas à vous de juger M. Arnold ! D'ailleurs, vous devriez savoir que M. Van Dijk n'est pas du genre à cultiver l'esprit de vengeance !

Le soldat parut embarrassé. Il bredouilla :

– Qui parle de vengeance ? Ça s'est trouvé comme ça ! Je passais par là alors, je suis venu vous le dire !

Je ne pus m'empêcher d'ajouter :

– Ne comptez pas sur moi pour lui rendre visite à l'hôpital !

Roelof éclata de rire :

– Toi au moins, tu m' comprends ! Bonsoir, dit-il. Dormez bien !

Il fila au bout du couloir.

– Qui a pu faire ça ? Nos hommes ? demandai-je à Urbanus.

– Ils en sont fort capables. Comme il n'y aura pas d'enquête, on ne saura rien de plus !  Visiblement, il ne voulut pas s'étendre sur cette affaire et il regagna sa chambre. J'en fis autant, mais j'eus de la peine à m'endormir.

À vrai dire, je n'étais pas mécontent que M. Arnold eût reçu une correction que, à mon avis, il méritait !

*

Oncle Chris n'assista pas au départ du *Wiltrijk*.

Après avoir remis à Urbanus les lettres que je destinais à ma mère, je me rendis sur les quais pour saluer les marins qui s'en allaient. Je me souvins de la méfiance avec laquelle j'avais examiné cet équipage au départ de Texel. Maintenant, j'avais l'impression que les rescapés du *Geldermalsen* étaient mes frères, que je pouvais compter sur eux à jamais, parce que les épreuves que nous avions affrontées ensemble nous avaient soudés les uns aux autres.

Urbanus me fit une accolade.

– On se reverra, promit-il. Occupe-toi bien du lieutenant. On tient tous à lui !

La tristesse me serra le cœur tandis qu'une chaloupe l'emportait vers le navire, ancré au large.

Encore un ami que je perdais !

Chapitre 20

Trois semaines s'écoulèrent, longues et maussades.

Mon oncle ne quittait pas sa chambre. Je crois qu'il lisait du matin au soir des livres empruntés à la bibliothèque de la Compagnie. Quand je lui proposais de sortir pour se dérouiller les jambes, il me répondait qu'il n'en avait pas envie.

Je devinai qu'il ne tenait pas à rencontrer les résidents de Batavia, tous ces subrécargues, conseillers et autres commerçants enrichis, qui le recevaient autrefois en grande pompe.

Il devint taciturne. Lui, que j'avais connu si cordial, évitait même de lier conversation avec les employés. Il me donnait l'impression de se désintéresser du monde qui l'entourait. Je le sentais pressé de partir, de fuir cette ville où il avait connu la honte.

Il faisait cependant un effort sur lui-même pour être plus loquace avec moi. Comme je ne savais que faire pour chasser ses idées noires, il m'arrivait de poser la main sur son bras et de lui sourire. Il marmonnait alors entre ses dents :

– Pardonne-moi ! Je ne suis pas un compagnon bien distrayant pour un garçon de ton âge. Je traverse une mauvaise passe !

– Je sais…

J'errais seul dans Batavia.

J'observais les passants, je rêvassais le long du canal ou assistais, sur les quais, au va-et-vient des embarcations qui reliaient les navires à la terre ferme.

Un après-midi, je croisai M. Anthony et son épouse qui se promenaient, non loin du palais du gouverneur. Je m'apprêtai à les saluer quand, d'un commun accord, ils détournèrent la tête. Ni l'un ni l'autre ne daigna m'adresser le moindre signe de reconnaissance. J'en fus si effaré que je restai planté au bord de la route encore de longues minutes après leur passage.

Enfin, un conseiller nous prévint que nous embarquerions sur le *Pasgeld* avec Harmen Wilkens, le fusilier qui subissait le même sort qu'oncle Chris.

Une dernière humiliation nous attendait avant le départ.

Quelques gardes entrèrent dans nos chambres, sous le prétexte de vérifier nos bagages.

– Que cherchez-vous ? demanda oncle Chris.

– Nous venons nous assurer que vous n'emportez pas de pacotille puisque vous n'y avez pas droit, répondit le plus âgé.

Oncle Chris eut un rire grinçant.

– Je retourne mes poches pour vous éviter de devoir me fouiller !

Il en sortit sa pipe, des allumettes et sa blague à tabac vide.

– Voilà, messieurs, tout ce que je possède. Êtes-vous rassurés ?

Un peu gênés, les gardes se retirèrent sans rien ajouter.

*

Le 15 mars, nous montâmes à bord du *Pasgeld*. C'était un beau navire avec cent trente hommes à bord.

J'ignore si son capitaine connaissait oncle Chris. En tout cas, il n'en laissa rien paraître. Il nous réunit sur le pont pour un discours d'accueil.

Grand et solide, il avait une barbe et une chevelure noires très fournies. Il parla d'une voix calme. Ses yeux gris balayèrent l'assistance sans s'arrêter sur aucun visage en particulier. Il nous adressa un sourire qui m'inspira confiance.

Cette fois, nous n'eûmes pas droit à une belle cabine ! On nous dirigea vers l'entrepont.

Cet antre, réservé aux matelots et aux soldats, avait été nettoyé durant l'escale, et, malgré tout, il y flottait une odeur écœurante, si tenace qu'elle résistait à tous les récurages.

« L'odeur du bateau ! » comme l'appelait Bart. Oncle Chris ne parut pas s'en émouvoir.

J'avais beaucoup grandi. Je m'en rendis compte parce que je dus me plier en deux pour suivre le maître d'équipage qui nous indiqua nos hamacs.

Celui de mon oncle se trouvait assez éloigné du mien, mais je ne dis rien.

 Le sol était jonché de caisses, de coffres et de sacs appartenant aux hommes. Parmi tant d'obstacles, il était difficile d'avancer sans se cogner.

– Ce ne sont pas nos bagages qui ajouteront à l'encombrement ! ironisa oncle Chris.

À l'heure du déjeuner, les commentaires de Bart sur la vie des matelots me revinrent à la mémoire. Tout ce qu'il avait dit était vrai.

En file devant la cambuse, chacun attendit son tour pour recevoir une gamelle remplie d'un morceau de viande, posé sur une petite montagne de riz. Comme je n'avais pas de couverts, je mangeai avec mes doigts. Ensuite, je rinçai ma gamelle dans un seau d'eau de mer, avant de la passer au suivant. Nous buvions de l'eau croupie dans des gobelets poisseux à force de circuler de mains en mains.

Après le repas, on distribua les tâches.

Oncle Chris rejoignit une bordée chargée des manœuvres de voiles.

Quant à moi, simple mousse, on me confia l'entretien de l'entrepont et des poulaines ; la corvée la plus pénible et la plus répugnante qui existait à bord ! Je crus défaillir en entendant le maître d'équipage me l'attribuer.

Oncle Chris se tourna vers moi. Il était désespéré.

– Ça ira, marmonnai-je. Je m'y ferai !

Si je voulais l'aider à supporter son sort, je devais affronter le mien sans me plaindre.

Il baissa la tête et s'en alla lover la drisse de foc.

*

Le *Pasgeld* leva l'ancre le 21 mars, par un jour de grand soleil.

Je ne regrettai pas une minute de quitter ce port où j'avais assisté à la déchéance imméritée de mon oncle. Je me promis de ne jamais revenir à Batavia.
Le bleu profond de la mer contrastait avec le vert intense de la végétation qui couvrait les îles. Nous longeâmes la côte de Java pour rejoindre le détroit de la Sonde.

La vie à bord s'organisa, tant bien que mal.

C'était bien vrai que l'équipage adorait tyranniser les mousses... Pour effectuer le balayage de l'entrepont, je devais d'abord ranger les bagages qui s'étalaient partout. Si quelques marins inoccupés traînaient par là, ils ne me facilitaient pas la tâche. Ils rouspétaient quand je touchais à leurs affaires, et certains profitaient de ce que j'étais à quatre pattes sur le sol pour m'administrer en riant des coups de pied aux fesses.

Je ne mentionnerai pas les immondices que je ramassais au pied des poutres de la charpente, là où les hommes se soulageaient la nuit, quand on ne les voyait pas !

Après avoir longuement frotté le plancher, je me relevais avec peine. Mon dos me faisait mal et mes genoux étaient pleins d'échardes qui me valurent quelques méchants furoncles. Heureusement, je n'avais pas le mal de mer ! Comment aurais-je pu travailler dans ce local mal aéré si ça avait été le cas ?

Quand l'entrepont était propre, j'allais m'étirer au grand air.

Si mon oncle se trouvait dans les parages, je me montrais de bonne humeur et je lui racontais quelques blagues. J'étais prêt à tout pour le dérider. Lui seul m'importait, le reste ne comptait pas.

*

 L'après-midi, je lavais les poulaines à la proue. L'inclinaison de la plate-forme étroite m'obligeait à me tenir fermement. La mauvaise odeur ne me gênait pas trop, les toilettes de l'équipage étant situées à l'air libre ! Je mis au point une technique pour accomplir ma tâche, sans me salir les mains. À l'aide d'une corde, je remontais une outre pleine d'eau. J'aspergeais ensuite les moindres recoins. Pour finir, je raclais le sol avec un balai et poussais la saleté à la mer. Le résultat de cette méthode expéditive n'était pas parfait, mais comme on ne me fit aucun reproche, je ne cherchai pas à l'améliorer.

Quand j'avais fini mon travail, je me reposais sur le gaillard d'avant. Je rêvassais en pensant à Bart qui, sur le *Standvastigheid*, m'enviait tant. Maintenant, je comprenais...

En général, ma sieste était de courte durée. Quelqu'un trouvait toujours moyen de me déranger. Je devais aider à récurer le pont, gratter les marmites, appeler un officier ou transmettre un ordre à un matelot occupé à trier les vivres dans une soute.

Je me baladais partout, je connaissais chaque coursive, je me glissais sans problème dans les différents puits et écoutilles.

Le soir, quand je regagnais mon hamac, j'étais si épuisé que les ronflements de mes voisins ne m'empêchaient pas de dormir.

Oncle Chris m'observait. Il n'en revenait pas de me voir si docile ! Jamais il n'aurait imaginé que j'accepterais tant d'épreuves sans me plaindre ! Ça me ressemblait si peu !

J'étais fier de parvenir à l'impressionner! Après tout, je ne faisais que suivre son exemple : il ne s'était jamais plaint, lui, même quand on l'avait humilié.

*

L'équipage comptait quelques gars sympathiques et d'autres franchement odieux.

Quand le maître coq en avait la possibilité, il me glissait dans la main un bout de gâteau ou de fromage.

– Tiens, disait-il, tu es le plus jeune et tu grandis encore. Tu as besoin de manger!

Je le remerciais en me hâtant d'engloutir le morceau qu'il m'offrait.

Harmen Wilkens, qui avait vécu la même aventure que nous, aurait dû normalement se comporter en camarade. Ce fut exactement le contraire. Il en voulait à oncle Chris d'avoir été lui aussi dégradé et privé de solde! J'essayai à plusieurs reprises de le raisonner :

– Oncle Chris n'est pas responsable de ce qui vous est arrivé! Le juge de Batavia a offert des coupables aux directeurs et au gouverneur. Malheureusement, c'est votre tête et celle de mon oncle qui sont tombées!

– Le lieutenant dirigeait tout, protesta-t-il. Il était normal qu'il soit puni. Moi, je me suis contenté d'obéir. Je n'ai rien à me reprocher. Il n'y avait pas de raison pour qu'on me mette dans le même sac que lui! Il aurait au moins pu le dire au juge!

Je renonçai à le convaincre. Il était complètement obtus et si fâché contre nous qu'il ne rata plus une occasion de se venger.

Il s'entoura d'une bande de bons à rien qu'il monta contre nous.

 – Van Dijk est un roi déchu, leur disait-il devant moi. Le coup de pied au cul qu'il a reçu n'y a rien changé ! Il garde ses airs supérieurs ! Faut les lui faire passer ! On va l'obliger à redescendre sur terre !

C'est ainsi que débuta un harcèlement qui l'occupa pendant un bout de temps.

Malmené, mon oncle résista de son mieux, jusqu'au jour où il craqua.

Je m'en rendis compte quand je le vis se jeter sur la ration d'alcool qu'on nous distribuait quotidiennement, et l'avaler d'un trait. À partir de là, il ne la refusa plus jamais.

*

Si oncle Chris se refermait, au fil des jours, sous les moqueries et les méchancetés de quelques minables, moi, j'encaissais, mais je n'oubliais rien. Je réfléchissais aux nombreuses manières dont je pourrais me venger sans être pris, ni puni. Je ne parvins pas à réaliser le dixième de mes projets. En attendant, j'avais l'esprit occupé et ça m'aidait à supporter l'escalade des attaques dirigées contre nous.

La première trouvaille de nos ennemis fut de salir chaque nuit l'entrepont.

– J'ai été malade, m'expliquait-on. Je n'ai pas eu le temps de courir aux poulaines ! Excuse-moi ! ajoutait-on d'un faux air contrit qui ne trompait personne.

À moi le privilège de nettoyer les excréments sous les hamacs et de vider les pots de chambre pleins à ras bord !

Oncle Chris fulminait, mais qu'y faire ? Il n'avait plus d'autorité.

Un matin, le maître d'équipage me découvrit en train de lessiver une mare nauséa-
bonde. Il se fâcha et réunit les hommes qui
couchaient dans l'entrepont.

– Je ne tolérerai pas ça ! cria-t-il. Je ferai
désormais des inspections régulières, et gare à ceux qui
auront souillé le sol ! Il n'est pas juste que tout retombe sur
les épaules du mousse ! À l'avenir, trois marins l'aideront.

Énergique et juste, notre maître d'équipage, qui se nom-
mait Frederik Bruyn, tint parole. Grâce à lui, ma tâche s'en
trouva allégée.

Harmen Wilkens crut qu'oncle Chris s'était plaint.

Une nuit, alors que mon oncle tentait de sortir de l'entrepont pour gagner le gaillard d'avant, il tendit une corde en
travers de son chemin. L'obscurité empêcha oncle Chris de la
voir. Il s'étala de tout son long sur les coffres amoncelés et se
foula le poignet. Le rire du fusilier me prouva qu'il était bien
l'auteur de cette méchante blague.

– Le matelot Van Dijk a manqué de se casser la pipe !
ricana l'imbécile.

Le lendemain, oncle Chris alla voir le chirurgien qui lui fit
un bandage. Jusqu'à la fin de notre voyage, son poignet resta
douloureux. Il enflait au moindre effort.

À la suite de cet accident, chaque fois que l'occasion se présentait, j'aidai mon oncle à tirer sur les drisses. Au fil des
jours, les rôles s'étaient inversés ; c'était mon tour, maintenant, de veiller sur lui et de le protéger !

Chapitre 21

Depuis que j'étais dans leur ligne de mire, Harmen et sa bande ne me fichaient jamais la paix. Cette fois, ils s'attaquèrent aux poulaines. Leur état se dégrada, et je découvris sur les murs, la plate-forme et le bastingage des graffitis qui m'étaient adressés : PETIT MERDEUX, FILS DE PUTE, et autres injures du même genre.

Mes aspersions d'eau ne suffirent pas à les effacer. Je dus les gratter avec une brosse dure. J'enrageais. Je crois que si j'avais tenu le coupable, je lui aurais collé le nez dedans et je l'aurais jeté par-dessus bord sans le moindre remord.

À la fin, j'en eus assez.

Je montrai au maître d'équipage ce que certains marins me réservaient. Il en fut d'autant plus outré que, ce jour-là, les

 artistes s'en étaient donné à cœur joie et avaient cochonné tous les espaces qui pouvaient l'être.

– J'ai l'impression qu'on t'a pris pour cible ! Sais-tu qui a fait ça ?

Une dénonciation pouvait coûter cher.

– Non...

Lors de la réunion qui suivit, M. Bruyn rappela à l'équipage que nous naviguions depuis deux mois.

– Il est temps d'intervertir les tâches, car un bon marin doit tout savoir faire, ajouta-t-il avec conviction.

Il nomma les uns et les autres à de nouveaux postes et, quand mon tour arriva, il m'ordonna de me mettre à la disposition du maître coq pour tenir la cambuse et distribuer les rations à l'équipage.

Je faillis hurler de joie. Les gros malins, qui s'étaient moqués de moi, n'avaient plus qu'à bien se tenir s'ils ne voulaient pas que je leur attribue les plus mauvais morceaux ou de minuscules portions !

Harmen Wilkens se calma. Ma vie redevint à peu près supportable.

*

À la tombée de la nuit, je m'asseyais à la proue avec oncle Chris.

Nous bavardions tous les deux sous les étoiles, tandis que le *Pasgeld* entrait dans la zone des vents dominants du sud-est. Nous commentions les événements de la journée et échangions nos impressions.

– Nous n'avons pas eu de chance, soupira-t-il, un soir, en sirotant ce vin qui avait le don de lui rendre son optimisme,

mais bien des capitaines ont vécu des aven-
tures tout aussi dramatiques !
Suivit une énumération de catastrophes
qui me donna froid dans le dos. Je retrouvai
bien là cet oncle qui aimait tant raconter des
histoires.

– Comment tant de tragédies ne vous ont-elles pas dégoûté
de devenir marin ?

– Parce que j'étais déjà officier quand j'en ai pris connaissance, dit-il en souriant.

– Je suis content que vous m'en parliez assez tôt pour que je
puisse réfléchir avant de renouveler mon engagement !

Il me prit la main.

– Je sais que tu n'as pas une vocation de marin, dit-il. Mais,
peu importe ! Cette expérience t'a changé. Tu es devenu un
garçon formidable ! Tu n'auras aucune peine à faire ton chemin dans la vie. J'ai au moins réussi cela !

Cette reconnaissance de mes qualités m'alla droit au cœur.

*

Je venais d'avoir seize ans. Nous n'étions plus très éloignés
du cap de Bonne-Espérance, quand je tombai malade.
L'attaque fut brutale.

Je remplissais les gamelles de l'équipage de gruau, quand
une nausée me saisit. Je n'eus que le temps de planter là ma
marmite, pour courir me pencher au-dessus du bastingage.
Le soir, j'étais brûlant de fièvre, et le lendemain, inconscient.

Je restai plusieurs jours entre la vie et la mort.

On m'installa à l'infirmerie, c'est-à-dire, au milieu de l'entrepont, dans la zone délimitée par des cloisons de draps tendus. Je m'y retrouvai parmi d'autres malades.

Oncle Chris ne quitta plus mon chevet. Il surveilla tous les soins que me donna le chirurgien. Il s'opposa à plus d'une saignée tous les deux jours, goûta les potions que l'on m'administrait et assista aux nombreux lavements auxquels j'eus droit. Il fit préparer du thé qu'il me força à boire, sans tenir compte de mes vomissements. Il me glissait tous les quarts d'heure quelques cuillerées entre les lèvres et cela, nuit et jour. Il m'essuyait le torse quand je transpirais, me recouvrait quand je frissonnais. Si j'entrouvrais les yeux, je le voyais penché sur moi. La hauteur de l'entrepont ne dépassant pas cinq pieds, il ne pouvait jamais se redresser complètement et je suppose qu'il devait avoir terriblement mal au dos.

Entre deux accès de fièvre, je m'accrochais à sa main et le suppliais :

– Si je meurs, je ne veux pas être jeté à la mer. Promettez-moi qu'on ne me fera pas ça ! Je veux être enterré à côté de mon père, en Hollande !

– Tu ne vas pas mourir, Jan. Tu vas résister ! Lutte de toutes tes forces !

– J'essaie… Mais promettez-moi ! Pas comme Gerrit ! Je ne veux pas nourrir les requins !

– Calme-toi ! Calme-toi !

Sa gentillesse toucha mes voisins. Quand enfin je me sentis mieux, ils me racontèrent combien il s'était inquiété pour moi.

– Il t'a sauvé. Il t'aime vraiment beaucoup. Si la maladie t'avait emporté, il ne s'en serait pas remis ! Ça l'aurait achevé !

Pendant les trois semaines que j'avais passées à l'infirmerie, oncle Chris avait maigri. Je vis de nombreux cheveux blancs sur ses tempes.

– Vous êtes fatigué, remarquai-je. Il faut que vous vous reposiez maintenant.

– Tout va bien, répondit-il. Ta mère te retrouvera sain et sauf. C'est la seule chose qui compte pour moi !

On me mit en convalescence. J'étais autorisé à travailler, mais sans excès, et je recevais une nourriture plus variée. J'avais droit à un œuf par jour, du fromage et de la viande. Comme je n'avais pas très faim, j'obligeais mon oncle à terminer ma gamelle. Il n'avait plus d'appétit pour les mets conservés en saumure, le riz ou les pois secs qu'on nous servait depuis des semaines. Ses gencives saignaient. Le scorbut le guettait.

Quand je fus complètement guéri, je remarquai que les hommes de l'entrepont ne cherchaient plus à nous nuire. Harmen Wilkens avait perdu son influence.

*

À l'approche du cap de Bonne-Espérance, le ciel devint menaçant. On était en plein hiver austral. Le vent se mit à souffler avec une violence incroyable soulevant des vagues gigantesques. Elles me terrifiaient au point que j'osais à peine les regarder. Le froid me transperçait. Je ne sortais qu'emmitouflé dans ma couverture.

Le cuisinier éteignit ses feux. On mangea de plus en plus mal. Nous n'avions qu'un seul désir : arriver au plus vite à bon port.

Échaudé par le désastre que j'avais vécu, je ne tenais pas à en subir un second. Mon insouciance du début du voyage s'était envolée. J'avais peur. Quand je sentais mes tripes se tordre, je parlais avec les hommes. Ils m'aidaient à surmonter mon angoisse.

 – Tu crois qu'on va réussir à passer le cap ?

– C'est pas sûr, me répondit un vieux loup de mer. Beaucoup de navires ont coulé ici. L'endroit est dangereux et peu de capitaines acceptent de s'y risquer en cette saison. Si le vent se renforce, on devra se replier et attendre de meilleures conditions le long de la côte est de l'Afrique.

– Ça nous fera perdre du temps !

– Tu préfères faire naufrage ?

Il rit en voyant ma tête s'allonger.

– Bah, ajouta-t-il, avec un patron comme le nôtre, ça m'étonnerait qu'on fasse demi-tour. Il n'a peur de rien et la chance lui a toujours souri. Il va s'éloigner de la terre, pour ne pas être drossé contre le banc des Aiguilles. Tu verras, tu auras l'impression d'être dans une coquille de noix tant on sera chahutés, mais ne t'en fais pas, on s'en tirera. Quand le pire sera passé, on virera de bord. Les vents nous pousseront jusqu'à la baie de False où nous serons à l'abri.

Je ne cachai pas mon angoisse à oncle Chris.

– Ça peut paraître inquiétant, reconnut-il. Le vent est fort, mais les vagues sont régulières. Le capitaine connaît son affaire. Il nous a fait prendre la cape pour éviter toute mauvaise surprise.

On essayait de me rassurer. N'empêche que les jours, et surtout les nuits, étaient effroyables. À chaque instant, je croyais ma dernière heure venue. La tempête hurlait dans nos oreilles. Les rafales charriaient des gerbes d'eau glacée qui balayaient le pont et nous aspergeaient de la tête aux pieds. Hagards, paralysés de froid, les marins perdaient courage.

J'en vis qui se cachaient pour pleurer comme des enfants. Dans l'entrepont, les hamacs balançaient si fort qu'on ne parvenait pas à fermer l'œil. On les attachait pour éviter les chocs.

Avec ses voiles serrées et seulement le grand hunier fixe cargué en fanon, le *Pasgeld* n'avançait plus. C'était désespérant.

Et tout à coup, entre les nuages, une trouée d'un bleu intense nous inonda. Le ciel redevenait plus clément. On remit de la toile.

*

Le 15 juillet 1752, nous jetions l'ancre dans la baie de False. La houle nous secoua pendant toute l'escale. Les matelots durent déployer beaucoup d'énergie pour transporter, de la plage au navire, des barils d'eau douce et du ravitaillement frais.

Le soir de notre arrivée, satisfait de n'avoir pas perdu trop de temps à louvoyer pour doubler le cap, le capitaine fit distribuer une ration de rhum.

Oncle Chris but la sienne avec délectation, puis me demanda si je voulais bien lui donner la mienne. Vu mon dégoût pour l'alcool fort, je la lui cédai volontiers. Je me tus, mais sa tendance à boire m'inquiétait de plus en plus.

– Nous pourrions aller voir Lisbeth et lui demander des citrons ! proposai-je.

J'étais persuadé que seule sa tisane favorite l'empêcherait de retomber dans son vice. Comme je n'avais pas d'argent, je ne pouvais compter que sur Lisbeth pour m'approvisionner.

– Je n'aurai pas le temps de lui rendre visite, se renfrogna oncle Chris.

Je le regardai avec étonnement.

– Vous ne comptez pas vous rendre à terre ?

– On verra, répondit-il sans empressement. La ville du Cap est loin d'ici. Il faut bien cinq à six heures pour traverser la péninsule.

– Autant que ça ? Ça doit quand même pouvoir s'arranger. J'ai très envie d'y retourner, insistai-je.

– Je ne t'en empêcherai pas. Fais ce que tu veux ! répondit-il, en me tournant le dos.

*

Les conditions difficiles compliquaient les expéditions à terre. Je réussis cependant à me joindre à un groupe qui tenta l'aventure.

Nous quittâmes le *Pasgeld*, un matin à l'aube. Le temps était frais mais beau. Un matelot m'avait prêté une vareuse, que j'avais enfilée sur ma tunique chinoise, pour en cacher les déchirures.

À l'ombre d'un gros arbre, en face de cinq ou six maisons alignées au bord de l'eau, des carrioles et des chevaux attendaient les matelots. J'y montai avec quelques camarades.

La plupart des hommes se réjouissaient surtout de fréquenter les bars.

– On appelle Le Cap « La taverne des deux mers », m'expliqua un petit rigolo. Tu devines pourquoi ?

Le chemin poussiéreux se faufilait à travers une brousse verdoyante et contournait un imposant massif montagneux. Nous croisâmes quelques indigènes. À chaque fois, mes compagnons de route se moquèrent bruyamment de leur nudité.

Dès que j'aperçus les premières maisons, en bordure de

l'agglomération du Cap, je demandai au cocher de me laisser descendre.

Quelle joie de retrouver les jardins, que j'avais découverts avec Simon et Bart, et la magnifique plaine qui s'étendait de la montagne de la Table à l'océan!

La beauté de l'endroit me grisait ; je me mis à courir comme un fou.

Je retrouvai sans peine le chemin qui menait à la plage des otaries. Assis sur le sable blanc, je contemplai longtemps le ressac en pensant à Simon et à Bart.

À peine Lisbeth me vit-elle qu'elle se précipita pour m'embrasser.

– Jan ! s'écria-t-elle. Tu as beaucoup grandi… Es-tu venu avec le lieutenant ? Le verrai-je ? Où est-il ?

Dans sa surexcitation, elle me posait mille questions à la fois.

Je lui racontai le naufrage.

– Dieu merci, vous vous en êtes sortis !

Contrairement à son habitude, elle resta longtemps silencieuse.

Je dînai avec elle devant la cheminée où crépitait un bon feu.

Le lendemain, alors que j'étais sur le point de la quitter, Lisbeth courut prendre dans sa cuisine un panier qu'elle remplit de fruits, de pots de confitures et de biscuits. Je la suppliai d'y ajouter des citrons. Sans hésiter, elle me donna tous ceux qu'elle avait en réserve.

– Si le lieutenant n'a pas le temps de faire un saut jusqu'ici, dis-lui que je vais bien et que les affaires marchent. Embrasse-le de ma part.

Je n'arrivai sur le *Pasgeld* qu'à la tombée de la nuit. Je racontai ma journée à oncle Chris.

– Comment as-tu expliqué mon absence à Lisbeth ? demanda-t-il d'un ton préoccupé.

– Je lui ai dit que notre mouillage ne vous inspirait pas confiance et que vous ne pouviez pas vous éloigner du *Pasgeld*.

Apparemment satisfait de ma réponse, oncle Chris sortit une pomme du panier et la croqua.

L'amélioration des repas durant l'escale nous redonna des forces. Le scorbut disparut comme par enchantement.

Je ne retournai pas au Cap, et le 20 août, le *Pasgeld* leva l'ancre pour entamer la dernière étape de son retour en Hollande.

*

Nous remontâmes la côte de l'Afrique en profitant des alizés du sud-est. Non loin de l'île de Sainte-Hélène, le premier lieutenant du *Pasgeld*, un personnage assez éteint, surveillait l'homme de barre quand, tout à coup, il poussa un cri et s'effondra. Les matelots, qui se trouvaient à proximité, se précipitèrent pour lui porter secours. En vain, car le malheureux ne respirait plus. Le chirurgien décréta qu'il avait eu une attaque d'apoplexie.

Une cérémonie de prières et de chants précéda l'ensevelissement dans les flots. Cette fois encore, je fus très ébranlé. Je n'arrivais pas à m'habituer à la mort et elle n'avait cessé de nous talonner. Se débarrasser des cadavres en les jetant à la mer me paraissait barbare. J'y voyais une bonne raison de renoncer à une carrière dans la marine.

Deux jours plus tard, M. Bruyn, le maître d'équipage, glissa sur une échelle et se cassa une jambe. L'effectif de nos officiers fondait à vue d'œil.

Lors de son quart, le capitaine cria dans son porte-voix :
– Matelot Christoffel Van Dijk, présentez-vous !

Oncle Chris, occupé à border une voile d'étai, laissa un autre homme terminer sa tâche pour répondre à cet appel. Le capitaine le jaugea de haut en bas :
– Je présume que vous savez toujours diriger les manœuvres.
– Oui, répondit modestement mon oncle.
– Dans ce cas, monsieur, postez-vous sous la dunette.

Oncle Chris détourna la tête pour cacher le plaisir que lui occasionnait cette nouvelle. J'en fus heureux pour lui. On faisait appel à ses compétences, il se sentait à nouveau utile.

Au début, il se contenta d'obéir aux ordres, mais, peu à peu, il prit des initiatives. Il se permit d'augmenter ou de diminuer la toile quand cela s'avérait nécessaire, il faisait le point et surveillait l'action des gabiers. Il restait très humble vis-à-vis du patron, si bien que celui-ci n'y trouva rien à redire et apprécia une aide qui tombait à pic.

L'état de mon oncle s'améliorait de jour en jour. Debout sur le gaillard d'avant, les jambes écartées pour maintenir son équilibre et la pipe à la bouche, il me donnait l'impression de se remettre du cauchemar qu'avaient été le naufrage et le procès. Bientôt, tout serait comme avant.

Les matelots devaient penser comme moi, puisque plusieurs d'entre eux l'appelèrent « lieutenant ».

*

Pourtant, après m'être apparu durant quelques jours plutôt satisfait de son sort, subitement, oncle Chris redevint sombre. Je n'arrivai pas à comprendre pourquoi. Tout allait bien !

 Le capitaine le complimentait souvent et, même, le taquinait sur ses manies de vieux loup de mer. Une bonne ambiance régnait à bord. Les hommes comptaient les jours, humaient l'air en disant :

– Ça sent la terre de Hollande ! On approche ! On approche ! Préparez-vous, belles dames, au retour de vos maris !

De la cale au gaillard d'avant, j'entendais fuser des éclats de rire qui trahissaient une joyeuse impatience.

Seul, oncle Chris se tenait à l'écart. Pensif, il contemplait la Manche embrumée.

– Je n'arrive pas à croire que je vais bientôt revoir maman et Dorith, dis-je un matin, au comble de l'excitation.

– Tu ne reconnaîtras pas ta sœur. Elle sera devenue une vraie demoiselle, répondit-il d'un ton détaché qui me surprit.

– Vous n'êtes pas content de rentrer ?

– Si… Je suis fatigué. J'ai grand besoin de me reposer.

*

Le 10 octobre 1752, le *Pasgeld* jeta l'ancre dans la baie de Texel. Enfin ! Mon voyage en Chine avait duré deux ans !

Le capitaine exigea un lessivage des ponts et de l'entrepont avant de nous accorder la permission de quitter le bord. Cette mission fut vite expédiée. Les cales furent vidées et rangées comme par magie. Nous n'avions qu'une envie : en finir, pour retrouver nos familles.

Quand les premières embarcations, qui devaient nous ramener à Amsterdam, arrivèrent, j'étais fin prêt.

– Puisque nous n'avons pas de bagage, nous pouvons partir tout de suite, dis-je à mon oncle.

– Écoute…, répondit-il. Le capitaine m'a confié le poste du lieutenant défunt. Je ne peux donc pas le lâcher si vite. Je dois encore faire un rapport sur l'état de la voilure et des cordages. L'inventaire complet va me prendre  plusieurs jours, mais je ne veux pas te retarder. File ! Va retrouver ta mère et ta petite sœur ! Je vous rejoindrai dès que je le pourrai. Embrasse-les très fort pour moi, ajouta-t-il avec son bon sourire.

– Ah non, je vous attends ! Maman et Dorith seront déçues si nous ne rentrons pas ensemble !

– Elles le seront encore plus, si elles ne voient personne venir ! Je t'assure, prends les devants, va leur raconter ce que fut notre aventure. Je tiens à me montrer digne de la confiance du capitaine. J'en fais un point d'honneur, surtout après ce qui est arrivé !

Je sentis qu'il ne changerait pas d'avis.

– Vous viendrez bientôt ? insistai-je, déçu. Je me faisais une telle fête de nos retrouvailles familiales !

– C'est la vie, répondit-il fataliste. Allons, dépêche-toi ! Il y a encore de la place pour toi sur le premier *lighter*. Profites-en !

J'embrassai oncle Chris et me précipitai dans une embarcation bourrée à ras bord de sacs et de coffres. Tandis que nous nous éloignions, oncle Chris agita son bras. Il resta longtemps appuyé au bastingage.

Chapitre 22

Durant les heures que nous passâmes sur le *Zuiderzee*, je réfléchis. Que dirais-je à ma mère ? Parlerais-je du procès ? J'aurais préféré qu'oncle Chris se chargeât de donner sa version.

Il pleuvait quand je débarquai sur le quai, où se massait une grande affluence. Je cherchai ma mère des yeux, mais elle n'était pas là. C'était normal, puisqu'elle ignorait la date de mon retour. J'avais seulement espéré...

Un soldat accepta de m'emmener avec lui en carriole. Il me déposa, à quelques rues de chez moi. La marche qui me séparait de la maison me permit de me dégourdir les jambes et de calmer mon excitation.

Quand je poussai la porte de notre salle de séjour, ma mère et Dorith finissaient de dîner. Avec un cri de bonheur, elles se levèrent de table pour se jeter dans mes bras.

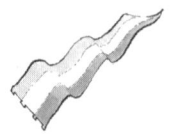 Dorith avait grandi, mais c'était encore une petite fille. Elle n'avait que huit ans. Je fus heureux qu'elle n'eût pas trop changé. Ma mère avait maintenant quelques cheveux gris. On les remarquait à peine, parmi ses mèches blondes. Ses yeux brillaient et elle était très belle.

– Christoffel n'est pas rentré avec toi ? demanda-t-elle après une longue séance d'embrassades.

– Il a un rapport à écrire. Il nous rejoindra sous peu.

– Comment va-t-il ? T'es-tu bien entendu avec lui ?

– Il va bien. Je ne pouvais rêver d'un meilleur protecteur.

Ma mère ferma les yeux et soupira d'aise :

– J'en suis très heureuse !

– Moi aussi, j'aime oncle Chris… Il fait de beaux cadeaux, déclara Dorith.

– Cette fois, il ne t'en apportera pas. J'espère que tu seras quand même gentille avec lui !

*

Les jours qui suivirent passèrent très vite.

Ma mère et ma sœur voulaient que je leur raconte tout et, curieusement, je ne le pouvais pas. Je me contentais de quelques histoires : les bêtises de Simon, l'arrivée en grande pompe du hopou, ma rencontre avec les Bochimans… J'évitais de mentionner les maladies, les morts et, bien entendu, le naufrage. Maman respecta mon silence.

– Avez-vous vu Simon ? demandais-je.

– Oui, bien sûr… Il est resté trois jours ici. Je lui ai donné ta chambre. Je crois qu'il est reparti pour la Chine.

– Et Mme Morel ?

– Ce n'est pas elle qui m'a remis ta lettre de Texel. Elle a envoyé un coursier. Ma première surprise fut de constater que nous ne manquions plus d'argent.

– Jacob Mulder est mort et j'ai trouvé un autre locataire pour le remplacer... Un honnête forgeron qui me verse un loyer décent avec un pourcentage sur ses gains. Comme il gagne bien sa vie, cette fois, je m'en tire. Si plus tard, nous ouvrons la boutique dont nous avons parlé avec Christoffel, et si tout marche bien, nous pourrons songer à agrandir cette maison.

Sa tête était pleine de projets qu'elle attendait avec impatience de réaliser.

Mais les jours passaient, et oncle Chris n'arrivait toujours pas. L'enthousiasme de ma mère était entrecoupé de silences, de rêveries dont elle sortait parfois en me serrant contre elle.

– Que c'est bon d'avoir un grand fils comme toi ! Tu m'as tellement manqué ! J'ai eu si peur de te perdre !

Elle m'emmena acheter des vêtements. Comme nous passions près de la forge, elle me présenta à notre nouveau locataire.

L'après-midi, je me promenais avec Dorith. Il m'arrivait de croiser mes anciens amis. On se saluait sans plus. Je ne tenais pas à ce qu'ils racontent à ma sœur les bêtises que nous avions faites ensemble.

À la tombée du soir, ma mère devenait nerveuse.

– Tu crois que ton oncle va bientôt arriver ? Avait-il donc tant de travail à accomplir ? Tu es certain qu'il allait bien ?

Toute la journée, elle avait espéré en secret l'apparition de son beau-frère et, quand la nuit arrivait, elle maîtrisait mal sa

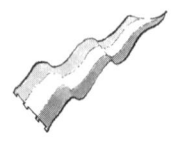déception. Dorith en faisait les frais. Gare à elle si elle se tenait mal à table ou parlait trop fort !

Au bout de dix jours, n'y tenant plus, elle me demanda de me rendre à la Compagnie.

– Va voir Abraham Faber. C'est l'ami de ton oncle, l'homme à qui je confiais mes lettres. Il est très aimable. Il a certainement des nouvelles de Christoffel.

– Pourquoi n'y allez-vous pas vous-même, puisque vous le connaissez ?

Elle avait réponse à tout.

– Parce que tu as une très bonne raison de te rendre à la V.O.C. Tu dois aller y chercher tes économies.

– Je vous ai dit en partant que ma solde était pour vous.

– Tu t'es montré très généreux, mais j'ai préféré ne pas y toucher. Tu auras besoin d'argent pour te lancer dans la profession de ton choix, car... il est temps d'y songer, mon garçon ! ajouta-t-elle d'un air taquin, censé masquer son désarroi.

– Je pensais que nous allions monter un commerce ensemble... que je pourrais en prendre la direction... dis-je, feignant le plus grand naturel.

– Bien sûr... si ton oncle daigne revenir, on en reparlera... Va aux nouvelles, s'il te plaît, Jan !

Je fis ce qu'elle demandait. Je me présentai devant Abraham Faber.

Il était sous-directeur de la section des importations de marchandises en Hollande. Bien que très occupé, il me reçut immédiatement.

– Monsieur, dit-il en m'accueillant, je vous attendais. Je cherche un secrétaire. Votre oncle m'a vanté vos mérites.

Aimeriez-vous travailler pour moi ? Votre expérience me serait très utile. On m'a dit que vous parliez l'anglais ? Si vous êtes intéressé, je vous offre un poste plein d'avenir et bien rétribué !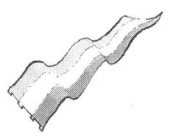

Je le regardai sans comprendre. Je n'étais pas venu lui demander du travail.

– Vous avez revu mon oncle ?

– Bien sûr. Je vous le répète, il s'est montré très élogieux à votre égard et m'a persuadé de vous engager.

– Savez-vous où il se trouve ?

– Oui. Il est à Delft.

– À Delft ?

– La chambre de Delft va envoyer le *Voorburg* en Chine. Votre oncle s'est inscrit pour ce voyage. Il a une énergie incroyable !

– Il ne nous a rien dit… Nous ne l'avons même pas revu ! fis-je d'une voix mal assurée.

Abraham Faber me contempla avec étonnement.

– J'ignorais cela. Il était très pressé. Une nouvelle chance pour lui… Attendez, mais où ai-je la tête ? Il a laissé une lettre. Tenez, la voici ! dit-il en me la tendant.

– Il avait promis qu'il viendrait. Nous l'avons attendu pendant tout ce temps…, m'entêtai-je, affreusement déçu.

Mon interlocuteur rangea une pile de papiers, peut-être pour se donner une contenance, avant de répondre :

– Vous savez qu'il a eu de graves problèmes à la suite du naufrage ?

– Je le sais puisque j'y étais !

– La Compagnie de Batavia l'a jugé sévèrement… Ici, nos directeurs semblent moins certains de sa culpabilité. L'offre

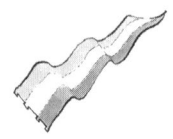

de Delft en est la preuve. Difficile pour lui de la laisser passer ! On l'engage au même grade, on se contente de diminuer sa solde. Qui aurait pu douter que la V.O.C. laisserait passer une occasion même minime de faire des économies ?

– Vous pensez qu'il reviendra de Delft avant de s'embarquer ?

– Je ne sais pas… Ne lui en veuillez pas, Jan, il ne le mérite pas.

Je restai silencieux. Je retenais le chagrin qui m'oppressait. Mon interlocuteur s'en aperçut. Il tenta de me distraire :

– Un petit pactole vous attend ici. Ce sont vos économies ! Et n'oubliez pas de réfléchir à ma proposition. Je serais enchanté que vous l'acceptiez.

– Je l'accepte, répondis-je précipitamment. Ma mère aura au moins cette satisfaction…

– Prenez quelques jours de repos, puis revenez me voir. Je vous attends.

Je le remerciai et le quittai, dans un état second.

Oncle Chris, cet homme en qui j'avais une confiance totale, nous abandonnait. Pourquoi ? Ma mère, qui avait accepté de refaire sa vie avec lui, n'allait pas supporter cette nouvelle.

Je regagnai la maison. À l'instant où elle entendit mes pas, ma mère, qui me guettait derrière la porte, l'ouvrit.

– Jan, dit-elle en m'examinant, que se passe-t-il ?

– J'ai un emploi à la V.O.C. M. Abraham Faber me prend comme secrétaire. J'espère que vous êtes contente ?

– Oui, c'est une excellente nouvelle. Sais-tu où est Christoffel ?

– Il ne reviendra pas !

Les yeux de ma mère devinrent fixes. Je poursuivis :

– Il est reparti pour la Chine. Il a laissé une lettre. La voici !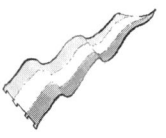
– Je m'en doutais, murmura-t-elle. Viens près de moi, mon fils, et raconte-moi ce qui s'est passé. Tu m'as caché quelque chose... Je pense que j'ai le droit de tout savoir.

La nuit tombait, quand je terminai le récit du naufrage et celui du procès. Elle m'avait écouté sans m'interrompre. Alors, elle décacheta la lettre, la lut à haute voix :

*

Chère Saskia, chers neveux,

Vous êtes si près de moi, et pourtant, je n'ai pas la force de franchir la courte distance qui me sépare de vous, les trois personnes que j'aime le plus au monde.

Je suis très malheureux. S'il vous plaît, ne me jugez pas ! Je l'ai déjà été si cruellement que je ne m'en remets pas.

Saskia, ma douce, ma bien-aimée, j'ai souvent rêvé au bonheur de nos retrouvailles. Je me promettais de vous chérir, de vous protéger, de vous rendre heureuse.

Le rêve s'est évanoui.

Comment oserais-je me présenter devant vous, dégradé, ruiné, couvert de dettes ? Ce serait indigne de ma part, et si lâche.

Je vous rends votre fils, qui est un peu devenu le mien. Me séparer de lui me broie le cœur.

Je devine, Jan, que tu m'en veux ! Un jour, tu comprendras...

Ne m'oublie pas, je t'en prie. Tu es le seul à connaître la vérité sur cette affaire qui m'a fait tant de mal, le seul à m'avoir toujours soutenu.

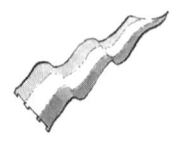 *Sache que, sans toi, je n'aurais peut-être pas eu la force de survivre.*

Petite Dorith, nous t'avions acheté un perroquet qui s'appelait Java. Il était magnifique. Il avait appris à dire ton nom. La mer nous l'a pris. Ne sois pas trop triste, ma chérie, tu es jeune, tu as la vie devant toi.

Saskia chérie, chers Jan et Dorith, si la chance me sourit à nouveau, si j'ai encore assez de force pour poursuivre la lutte, si je parviens à reconquérir mon honneur et à m'acquitter de mes dettes, je frapperai à nouveau à votre porte... J'espère que vous l'ouvrirez...

Pardonnez-moi de vous faire souffrir.
Je vous aime
Votre Christoffel

*

Ma mère laissa tomber la feuille sur ses genoux. Des larmes inondaient ses joues.

– Seigneur, articula-t-elle, sombrement. Que m'importait qu'il rentre les mains vides !

Elle se leva et marcha en se tordant les mains.

Je m'approchai d'elle, je l'enlaçai. Nous restâmes longtemps silencieux, serrés l'un contre l'autre.

– Courage, maman ! Il a dit qu'il reviendrait. Faisons-lui confiance ! murmurai-je, en la berçant.

*

Notre vie à trois reprit comme avant mon voyage, à cette différence que, maintenant, nous étions à l'aise.

Mon patron, M. Faber, était un homme intelligent avec qui

je m'entendis tout de suite bien. De son côté il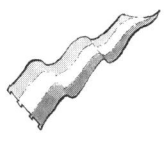
sembla aussi m'apprécier. Mon long voyage
m'avait beaucoup appris. Les problèmes divers
que rencontraient les navires et leur équipage
m'étaient si familiers que je pouvais en parler
en connaissance de cause et aider à leur trouver des solutions.
Après quelques semaines déjà, M. Faber me prouva sa
confiance en me demandant de vérifier sa comptabilité. Je fus
également chargé de la correspondance en anglais.

Un jour où il était particulièrement satisfait, parce que je
venais de lui signaler l'inutilité de certaines dépenses, il fit ce
commentaire :
— Votre oncle a raison quand il dit que la V.O.C. emploie
trop de gratte-papier inexpérimentés. Avec vous, non seulement j'économise de l'argent, mais je gagne du temps.
— Mon oncle est un homme de bon sens. D'ailleurs, je lui
dois tout.
— C'est bien de le reconnaître, approuva-t-il.

Quand je rentrais à la maison, je trouvais ma mère en train
de surveiller les devoirs de Dorith. Une jeune servante prépa-
rait notre repas.

Le visage de ma mère s'illuminait :
— Enfin te revoilà ! Tu n'imagines pas combien je me senti-
rais seule si tu étais reparti.

Un jour, je demandai :
— Souvenez-vous : quand oncle Chris a proposé de m'emmener en Chine, il a dit : « À son retour, Jan sera devenu un
homme. Il vous apportera le soutien qui vous manque. » Je
l'entends encore prononcer cette phrase. À votre avis, a-t-il
tenu parole ?

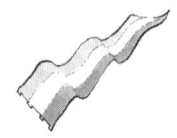 – En ce qui te concerne, oui. Pas pour le reste...

– Mais, maman, comment pouvez-vous lui en vouloir ? Il a été admirable et je ne supporte pas que vous soyez fâchée contre lui. Il ne le mérite pas.

Elle me regarda avec étonnement :

– Tu l'aimes donc tant que ça ?

– Oui, et il me manque beaucoup. Je prie le ciel pour qu'il ne lui arrive rien et que, bientôt, nous soyons enfin réunis.

Ma mère prit ma tête entre ses mains. Il y avait des larmes dans ses yeux.

– Tu crois qu'il reviendra ?

– S'il survit, il reviendra. J'en suis certain.

– Alors soyons patients ! Attendons-le sans nous plaindre. Ton assurance me donne confiance. Tu ressembles de plus en plus à ton père, Jan, tu deviens aussi solide qu'un roc.

Une complicité que nous n'avions jamais connue auparavant s'installait entre nous. La fragilité de ma mère me touchait. Je faisais tout ce qui était en mon pouvoir pour la rendre heureuse.

Quant à Dorith, elle grandissait sans histoire. C'était une petite fille très vive, désireuse de bien faire. Elle me vouait une véritable adoration et j'étais le seul qui parvenait à la calmer quand elle faisait un caprice.

Les mois passèrent. Nous vendîmes la forge à notre locataire, ce qui nous permit d'agrandir la maison. Ma mère et ma sœur eurent enfin chacune leur chambre.

*

Un soir de décembre, nous terminions notre repas, quand un grand coup à la porte nous fit sursauter. Fatigué par une longue journée de travail, je ne pris pas la peine de me lever. Je me contentai de crier :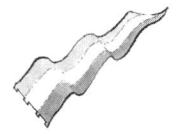

– Entrez !

Une bourrasque de vent traversa la cuisine. Je m'attendais à voir surgir un voisin et je fus surpris de ne pas reconnaître notre visiteur. Il referma la porte, enleva son chapeau, qu'il posa sur un siège.

Son visage était buriné, ses cheveux grisonnants, mais la couleur de ses yeux n'avait pas changé. Ils étaient de ce bleu intense des mers profondes que je n'ai jamais retrouvé chez personne d'autre.

– Oncle Chris…

Je me précipitai vers lui.

– Me revoici, murmura-t-il simplement.

Il me parut un peu moins jeune, mais semblable à lui-même, avec son bon sourire humble.

Je l'embrassai.

Il serra Dorith contre lui, puis avec gêne, se tourna vers ma mère qui s'était levée.

– Saskia, je vous demande pardon pour ce long retard, dit-il. J'ai payé toutes mes dettes… C'est pourquoi, j'ose me présenter ici. Si je vous dérange, dites-le. Je comprendrai… Je vous demanderai juste la permission de voir Jan de temps à autre…

– Et moi ? lança Dorith. Je ne compte pas ?

Son intervention apporta une détente.

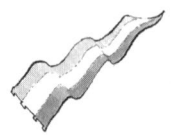 Je remarquai que les joues de ma mère avaient rosi et que ses yeux brillaient. L'émotion la submergeait. Elle s'adressa à oncle Chris d'une voix douce :

– Pourquoi ne voudrais-je pas vous revoir ? Je vous ai toujours attendu...

Il devint très pâle. Pendant un instant, j'eus l'impression qu'il ne comprenait pas le sens des mots qu'elle venait de prononcer. Son manque de réaction effaça lentement le sourire de ma mère.

Et, tout à coup, il se redressa. D'un pas décidé, il franchit la distance qui les séparait, se planta devant elle et écarta les bras. N'écoutant que son cœur, elle s'y précipita.

Épilogue

Mer de Chine, juin 1985

Le soleil au zénith brillait sur une mer d'huile.

Depuis plusieurs mois, mon partenaire, Mike Hatcher, une équipe de seize plongeurs, et moi-même étions occupés à fouiller l'épave d'un navire de la V.O.C. coulé en 1752.

Nous l'avions découverte à quelque cent vingt milles au sud-est de Singapour.

Après un travail acharné, nous avions remonté plus de cent cinquante mille pièces de porcelaine à la surface.

Nous avions presque abandonné l'espoir de retrouver la cargaison la plus précieuse du navire, soit une caisse contenant des lingots d'or, embarquée en Chine, dans le plus grand secret. Mike, plusieurs plongeurs et moi-même étions assis autour

 de l'interphone qui nous reliait à Doran. Le jeune plongeur australien actionnait une suceuse de sédiments, à quelque trente-huit mètres de profondeur, le long de l'épave. Le bruit profond et rythmé de sa respiration nous parvenait distinctement.

Tout à coup, un cri nous arracha à notre torpeur :

– Surface ! De l'or, j'ai trouvé de l'or !

En quelques secondes, l'excitation toucha à son comble. Nous nous arrachions l'interphone. Nous voulions tous parler à Doran en même temps.

– Silence ! rugit Mike. Laissons-le finir son travail ! Attendons qu'il remonte !

Les vingt minutes qui suivirent durèrent une éternité.

Enfin, Doran apparut, remonté des abysses par la cloche de plongée.

Le visage dissimulé sous son masque, il tenait ses mains plaquées sur une grosse bosse que sa combinaison étanche formait sur sa poitrine.

Il avança sur le pont de la barge, mit un genou à terre, se pencha en avant et tira sur la fermeture Éclair de sa veste.

Dix-sept petits lingots d'or étincelants cascadèrent sur le pont avec un bruit mat. Un tonnerre d'applaudissements s'ensuivit.

Mike me glissa à l'oreille :

– Max, je crois bien que nos archivistes avaient raison.

Comme lui, je n'avais plus le moindre doute.

Nous venions de retrouver l'or du *Geldermalsen* !

Max de Rham

NOTES DE L'AUTEUR

En 1985, Max de Rham et Michael Hatcher découvraient une épave en mer de Chine. Ils s'étaient lancés dans l'aventure, grâce à un dossier, établi par Robert Stenuit, sur la base des archives de la V.O.C. Ce dossier relatait le naufrage du *Geldermalsen* en 1752, et le procès qui s'en était suivi à Batavia.

En l'étudiant avec attention et en faisant une reconnaissance des lieux, Max et Mike arrivèrent à la conclusion que la position du naufrage, donnée par les survivants, était fausse. En effet, personne n'avait aperçu de terre dans les environs du lieu du naufrage, or une île, assez élevée, est parfaitement visible depuis le récif Geldria.

La catastrophe avait dû avoir lieu plus au large et plus à l'est. Ils décidèrent donc d'examiner les alentours du récif Loosduinens, rebaptisé aujourd'hui Admiral Stellingwerf. Ce récif, mal indiqué sur la carte que possédait le capitaine Morel, leur apparut comme un véritable piège, long de quelques centaines de mètres, entièrement submergé et parfois totalement invisible.

Pour se prouver que leur raisonnement était juste, Max et Mike prospectèrent au magnétomètre la zone peu profonde du récif. Dans quatre mètres d'eau et sous trois mètres de corail, ils tombèrent sur une ancre de cinq mètres de long, qui correspondait à la description de l'ancre perdue par le *Geldermalsen* lors du naufrage.

Après plusieurs semaines de recherche, à environ deux milles de ce point, ils découvrirent, par trente-huit mètres de fond, les restes du *Geldermalsen*.

Durant trois mois, Max de Rham, Michael Hatcher et seize hommes d'équipage remontèrent à la surface une cargaison extraordinaire de plus de deux cent cinquante mille pièces de porcelaine chinoise, pour la plupart bleu cobalt et blanche. Toutes les superstructures du navire avaient disparu, mais la coque, située sous la ligne de flottaison, était enfoncée dans une couche de sédiments. Elle était presque intacte. Les 686 997 livres de thé, entassées sur la porcelaine pour la protéger, donnèrent maille à partir aux chercheurs d'épave. Les résidus des feuilles bouchèrent les suceuses, gênèrent la visibilité et s'infiltrèrent jusque dans les combinaisons et les masques des plongeurs.

Le moment le plus palpitant fut la découverte du trésor.

Les chercheurs réussirent à remonter cent vingt-cinq lingots d'or sur les cent quarante-sept confiés au capitaine Morel. Deux canons en bronze et la cloche du *Geldermalsen* revinrent également à la surface. La cloche fut donnée au musée d'Histoire maritime d'Amsterdam.

En décembre 1985, soit deux cent trente-trois ans après le naufrage, la marchandise, contenue dans le *Geldermalsen*, avait enfin regagné la Hollande. Elle fut vendue aux enchères par Christie's en mai 1986. Ce fut une vente record en Hollande et le second résultat le plus important de toutes les ventes de Christie's à cette date.

Je me suis souvent entretenue avec Max de Rham de cet événement. Je l'ai beaucoup questionné sur les raisons du naufrage. Pour lui, les causes principales ont été dues au fait que :

1) La carte de Morel était assez fantaisiste. Le brisant de Loosduinens, contre lequel le *Geldermalsen* s'est écrasé, figurait sur la même latitude que le Geldria. Il était donc normal que Morel, pensant avoir dépassé le Geldria, ne se soit pas méfié. Pour lui, la route était libre. En réalité, le Loosduinens se trouve plus au sud.

2) Après dix-huit jours en mer, le calcul de la longitude n'était jamais exact. Le *Geldermalsen* se trouvait plus à l'est que supposé et malheureusement, juste en face du Loosduinens.

3) Christoffel Van Dijk a cru déceler le profil de la côte à l'ouest, c'est-à-dire celui de l'île de Het Ruyge. En cela, il s'est trompé.

4) L'or a été retrouvé sous les plaques de cuivre qui recouvraient les murs effondrés de la cuisine. (La cuisine avait été construite ainsi pour éviter les incendies). Il est fort probable que la caisse ait été tirée sur le pont, comme l'a affirmé M. Arnold, et que le pont ait ensuite cédé sous son poids. La caisse s'est alors logée au milieu de ces plaques. Il est en tout cas certain que personne n'a cherché à s'emparer de cet or lors du naufrage. Sur ce point, la mémoire de Christoffel Van Dijk est totalement blanchie.

5) En ce qui concerne le nombre restreint de rescapés, on ne peut l'expliquer davantage que l'ont fait les survivants.

6) Il est intéressant de constater que les chambres d'Amsterdam et de Delft n'ont pas jugé Christoffel Van Dijk aussi sévèrement que le conseil de Batavia. Elles se sont contentées de diminuer pendant quelques années sa solde, tout en lui conservant son grade. Le conseil de Batavia, fâché de la perte subie, avait besoin d'un coupable. Christoffel Van Dijk était la victime désignée.

7) Les familles des disparus n'ont été dédommagées qu'en 1755, soit trois ans plus tard.

*

En 1753, un Écossais nommé James Lind fit une publication. À la suite de nombreuses expériences, il avait découvert que le jus de citron et le jus d'orange guérissaient du scorbut, et même le prévenaient.

*

En 1780, la Compagnie des Indes orientales de Hollande fit faillite.

*

Max de Rham m'a permis d'utiliser son histoire. Je l'en remercie de tout cœur.

Pour bâtir ce récit romancé, à partir d'un fait réel, je me suis tenue au plus près des événements historiques dont j'ai eu connaissance.

Le capitaine Morel, Christoffel Van Dijk, Urbanus Urbani, le steward Arnold, et la plupart des personnages cités, ont existé. Une grande partie des anecdotes de ce récit sont rigoureusement exactes. Par exemple : le capitaine Morel a bien reçu en Chine une lettre lui annonçant la naissance de son fils, des marins anglais, en état d'ébriété, ont endommagé le *Standvastigheid*, et seize déserteurs anglais furent enrôlés par Morel, ce qui n'était pas très habituel. Le simple détail concernant le porcelet chinois, recueilli dans l'eau par les rescapés, est lui aussi véridique.

GLOSSAIRE

Accastillage
Ensemble des objets mobiles
installés sur le pont (poulies,
manilles, bittes, taquets, etc.)
servant à la manœuvre
des voiles et des ancres.

Affourcher
Mettre au mouillage
sur deux ancres situées de part
et d'autre de l'avant, face
au courant.

Allure
Direction du bateau par rapport
à celle d'où vient le vent.

Amarre
Cordage servant à retenir
un navire à quai.

Amure
Côté du navire d'où vient
le vent. Un bateau navigue
bâbord ou tribord amure,
selon que le vent vient
de gauche ou de droite.

Ancre de miséricorde
Ancre la plus forte du navire.

Arbalestrille
Ancien instrument de mesure
de la latitude utilisé avant
l'octant.

Arrimage
Action d'arrimer.

Arrimer
Arranger, placer et bien attacher
les marchandises.

Au près
Allure au plus près de la
direction d'où vient le vent.

Bâbord
Côté gauche d'un navire
quand on regarde vers l'avant.

Balancine
Cordage partant du haut
du mât qui sert à modifier
l'inclinaison d'une vergue.

Beaupré
Mât placé obliquement à l'avant.

Bohea
Ou bouy : thé de qualité

courante qui constituait
près des trois quarts
des importations.

Bonnette
Petite voile carrée.

Bordée
L'équipage est divisé en deux
bordées qui assurent
alternativement les services
du bord.

Bossoir
Grosse pièce de bois saillante
servant à la manœuvre
de l'ancre.

Bouteilles
Toilettes des officiers à bord
des navires.

Brasse
Ancienne mesure de longueur
valant 5 pieds (1,62 m).

Brigantine
Voile en forme de trapèze
irrégulier.

Cabestan
Treuil à axe vertical qui
s'emploie pour les manœuvres

exigeant des efforts comme
pour remonter l'ancre.

Caboteur
Navire qui navigue de port
en port le long des côtes.

Caillebotis
Treillis en bois placés
sur le pont et servant de grille
d'aération ou de plancher
amovibles.

Cambuse
Local pour réserves de vivres
à bord d'un bateau.

Caréner
Nettoyer ou réparer la partie
immergée de la coque
d'un navire.

Carguer
Manœuvre destinée à diminuer
la surface de la voile.

Château arrière
Superstructure élevée
sur le pont supérieur à l'arrière
d'un navire.

Compas
Boussole marine.

Coolie
Travailleur, porteur d'Extrême-Orient.

Coupée
Ouverture dans le parapet d'un navire qui permet d'entrer ou de sortir du bord.

Coursive
Passage étroit à l'intérieur d'un bateau.

Dame-jeanne
Bonbonne.

Déferlante
Vague qui se brise en écume en roulant sur elle-même.

Drisse
Cordage pour hisser les voiles.

Drosser
Entraîner dans une direction autre que celle qu'on voudrait.

Dunette
Superstructure élevée sur le gaillard d'arrière et protégeant la salle du conseil et les chambres des officiers supérieurs.

Écoute
Cordage servant à orienter une voile.

Écoutille
Sorte de trappe, plus ou moins importante, pratiquée dans un pont pour communiquer entre les parties inférieures et supérieures d'un navire.

Encablure
Ancienne mesure marine de longueur (env. 200 m).

État-major
Ensemble des officiers.

Étrave
Pièce de bois saillante à l'extrême avant du navire qui fend l'eau.

Factorerie
Comptoir où les Européens travaillaient et entreposaient les marchandises achetées et vendues en Chine.

Fanon
Petite partie de voile carguée laissée flottante.

Ferler
Serrer étroitement une voile
contre une vergue pour
la soustraire à l'action du vent.

Foc
Voile de forme triangulaire.

Flûte
Navire hollandais (souvent
de guerre).

Fusilier
Matelot gradé assurant l'ordre à
bord et participant aux combats.

Gabier
Matelot affecté à la manœuvre
des voiles.

Gaillard d'arrière
Ensemble de chambres posées
sur le pont supérieur à l'arrière
d'un navire.

Gaillard d'avant
Ensemble de chambres
ou pièces servant à l'équipage,
posées sur le pont supérieur
à l'avant.

Grand mât
Le mât le plus élevé d'un navire.

Gréement
Tous les accessoires servant
à manœuvrer les voiles
et à fixer les mâts.

Guilder
Monnaie hollandaise.

Habitacle
Abri sur le pont dans lequel est
disposé le compas.

Halage
Remorquage d'un bateau
au moyen d'un cordage tiré
du rivage ou d'un autre bateau.

Hanniste
Les hannistes étaient les seuls
Chinois autorisés à vendre
les marchandises chinoises et
à acheter des produits d'Europe.
Faisant fonction de mandarins,
ils percevaient des taxes
et garantissaient le bon ordre
durant le séjour des étrangers.

Haubans
Cordages fixes qui tiennent
les mâts.

Hopou
Le hopou était le représentant

direct du Trésor impérial auquel il envoyait, chaque année, des taxes correspondant à 30 à 40 % de la valeur des cargaisons.

Hune
Plate-forme soutenue par des traverses, à la jonction du bas-mât et du mât de hune.

Largue
Allure d'un navire recevant le vent par le travers.

Larguer les amarres
Détacher les cordages retenant le navire.

Latitude
Une des deux coordonnées permettant de situer un point ou un bateau sur le globe terrestre. Elle donne sa position par rapport à l'équateur.

Lieue
Ancienne mesure terrestre : environ 4 km. La lieue marine correspond à 3 milles marins, soit 5,555 m.

Lighter
Nom de certains bateaux hollandais utilisés dans les ports pour se rendre des navires aux quais.

Lingua
Interprète chinois et portugais.

Loch
Instrument qui sert à mesurer la vitesse d'un navire.

Lofer
Faire venir le navire plus près du vent.

Longitude
Une des deux coordonnées permettant de situer un point ou un bateau sur le globe terrestre. Elle donne sa position par rapport à un méridien d'origine, vers l'est ou l'ouest.

Lover
Ranger un cordage en rond.

Maître coq
Chef cuisinier du bateau.

Mâts
Les mâts sont faits de plusieurs parties. Le bas-mât est prolongé par le mât de hune, puis

d'autres mâts nommés d'après le nom des voiles qu'ils portent.

Mât d'artimon
Mât le plus à l'arrière d'un voilier ayant au moins deux mâts.

Mât de hune
Mât qui prolonge le bas-mât, au-dessus de la plate-forme intermédiaire dite hune.

Mât de misaine
Premier mât vertical sur l'avant.

Mettre en panne
Arrêter un navire en orientant les voiles pour qu'elles ne prennent pas le vent.

Mille marin
Mesure de longueur : 1,852 m.

Mouillage
Emplacement favorable pour jeter l'ancre.

Mouiller
Jeter l'ancre.

Nid-de-pie
La plus haute plate-forme du grand mât.

Octant
Instrument, antérieur au sextant, servant à déterminer la latitude. Il mesure la distance angulaire d'un astre par rapport à l'horizon.

Pacotille
Produits manufacturés transportés par les matelots.

Passavant
Passerelle qui relie les ponts avant et arrière de chaque côté du navire.

Piastre
Monnaie provenant d'Espagne reconnue dans tout l'océan Indien.

Pied
Ancienne mesure de longueur, d'environ 33 cm.

Port permis
Autorisation de prendre une participation dans le négoce d'un navire.

Pot au noir
Zone aux abords de l'équateur où il n'y a pas de vent.

Poulaines
Plates-formes situées
à l'extrémité avant du bateau
qui abritent les toilettes
de l'équipage.

Poupe
Partie arrière d'un bateau.

Prendre la cape
Naviguer face au vent
avec la quasi-totalité des voiles
serrées.

Prendre un ris
Rouler la toile pour la diminuer.

Proue
Partie avant d'un bateau.

Puits à voile
Compartiment spécial
pour ranger les voiles.

Quart
Période de quatre heures
pendant laquelle une partie
de l'équipage est de service.

Sabord
Ouverture rectangulaire
servant de passage à la bouche
des canons.

Sainte-barbe
Domaine du maître canonnier.
Magasin à poudre.

Sampan
Petite embarcation extrême-
orientale.

Scorbut
Maladie provoquée par
l'insuffisance de vitamines C.

Souquer
Tirer avec vigueur sur
un cordage ou sur les rames.

Steward
Maître d'hôtel à bord
d'un bateau.

Subrécargue
Agent de la Compagnie
des Indes, à terre et à bord,
en charge du négoce
des marchandises transportées
par les navires.

Timonier
Matelot employé dans l'abri
où se trouvent la roue
du gouvernail et les instruments
servant à la direction du navire
(timonerie).

Tribord
Côté droit d'un navire
quand on regarde vers l'avant.

Vergue
Longue pièce de bois en travers
d'un mât qui soutient la voile.

Voiles d'étai
Voiles triangulaires établies
entre deux mâts.

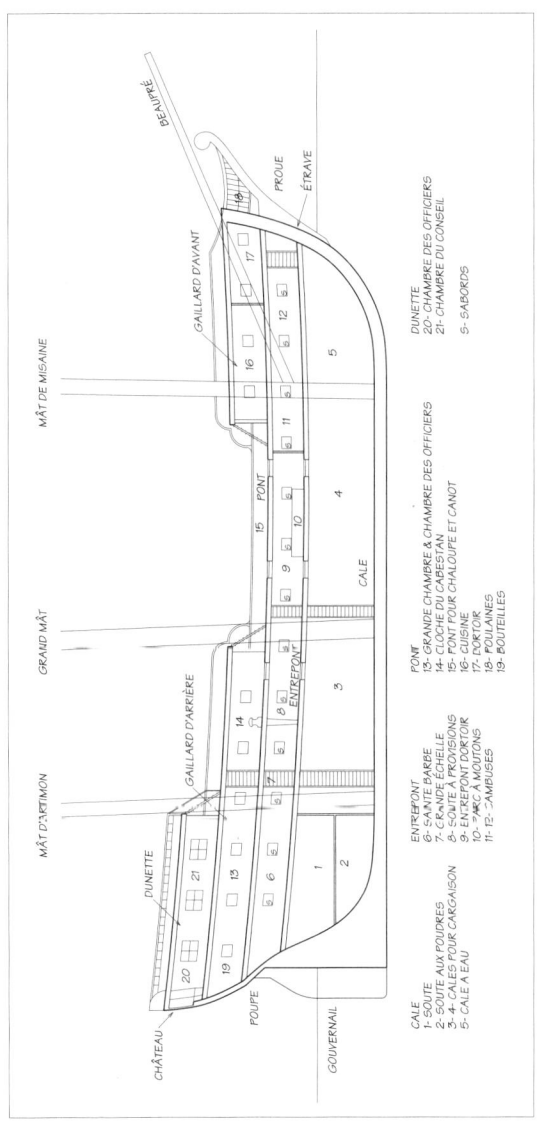

MÂT D'ARTIMON   GRAND MÂT   MÂT DE MISAINE

BEAUPRÉ

PROUE

ÉTRAVE

GAILLARD D'AVANT

GAILLARD D'ARRIÈRE

DUNETTE

ENTREPONT

PONT

CALE

CHÂTEAU

POUPE

GOUVERNAIL

CALE
1- SOUTE
2- SOUTE AUX POUDRES
3- 4- CALES POUR CARGAISON
5- CALE À EAU

ENTREPONT
6- SAINTE-BARBE
7- GRANDE ÉCHELLE
8- SOUTE À PROVISIONS
9- ENTREPONT DORTOIR
10- PARC À MOUTONS
11- 12- CAMBUSES

PONT
13- GRANDE CHAMBRE & CHAMBRE DES OFFICIERS
14- CLOCHE DU CABESTAN
15- PONT POUR CHALOUPE ET CANOT
16- CUISINE
17- DORTOIR
18- POULAINES
19- BOUTEILLES

DUNETTE
20- CHAMBRE DES OFFICIERS
21- CHAMBRE DU CONSEIL

5- SABORDS

Dessin de Nicolas Berthelot

L'auteur

Anne de Preux née à Lausanne (en Suisse),
épouse à vingt ans un biologiste avec qui elle vivra
en Côte d'Ivoire, au Kenya puis, au Pérou, qui lui inspirera
son premier roman pour la jeunesse, *Le Seigneur des
Andes* (Calligram), prix Saint-Exupéry de la Francophonie
2007. Après avoir découvert l'épave d'un bateau,
son beau-frère lui confie le soin d'en faire une histoire,
Naufrage en mer de Chine...

L'illustrateur

Florent Silloray est né en 1971 à Nantes, où il a
obtenu son diplôme de l'École des Beaux-Arts. Passionné
par les cultures du monde, les carnets de voyage,
il aime également la fiction historique. Collaborant
régulièrement aux publications de Gallimard Jeunesse
(Journal d'un enfant, Découvertes de la musique), il a déjà
illustré un roman, dans la collection Voyage en Page.
Comme il a peu l'occasion de travailler à l'encre
et au lavis, il a été ravi de réaliser les illustrations en noir
et blanc de *Naufrage en mer de Chine*.

Imprimé en Italie
par L.E.G.O S.p.A. – Lavis TN

PAO : Belle Page

Dépôt légal : septembre 2010
N° d'édition : 170329
ISBN : 978-2-07-062859-9
Loi n° 49-956 du 16 juillet 1949
sur les publications
destinées à la jeunesse